OEUVRES

COMPLÈTES

DE

CH. PAUL DE KOCK.

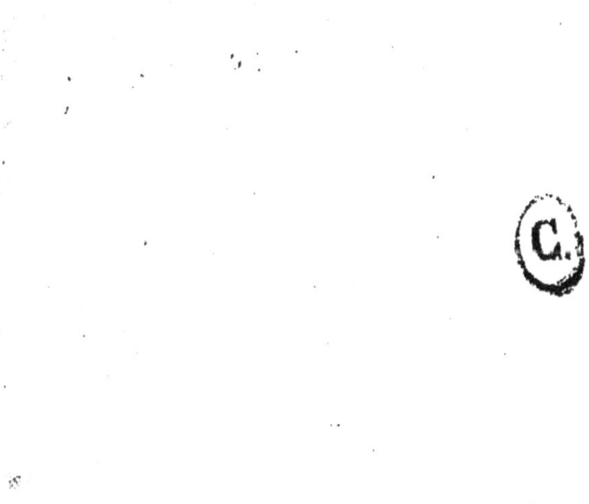

SANSCRAVATE,

OU

LES COMMISSIONNAIRES.

TOME QUATRIÈME.

GAND,
IMPRIMERIE DE VANDERHAEGHE-MAYA,
Rue de Brabant, n.o 12.

1844.

SANSCRAVATE.

CHAPITRE PREMIER.

Le vin. — Le jeu. — Les coups.

Il est onze heures du matin ; Sanscravate, qui a fait une très-bonne journée la veille, en portant plusieurs billets doux pour de jeunes fashionables qui sont toujours généreux quand ils sont heureux, est allé comme de coutume se promener avec Jean Ficelle, qui le conduit toujours du côté du pont d'Austerlitz, à l'endroit où se tiennent ordinairement les jeux de hasard.

Tout en marchant, ces messieurs, qui se sont déjà rafraîchis plusieurs fois, causent d'une manière fort animée ; ce qu'il y a de plus plaisant, c'est que l'un parle d'une chose, et l'autre en raconte une autre, aucun d'eux ne s'écoute et ne se répond, ce qui ne les empêche pas de continuer.

— Oui ! dit Sanscravate, je n'y pense pas plus que si je ne l'avais jamais connue... Ah ! mon Dieu !.. on me demanderait à présent quelle était la couleur des yeux de Bastringuette, que je serais embarrassé pour répondre... Je ne m'en souviens plus...

— Et tu vois ben, dit Jean Ficelle, il y en a qui prétendent qu'on ne gagne jamais au jeu... Mais c'est des bêtises! et la preuve, c'est que moi, j'y aurais fait ma fortune, si j'avais pas été un poltron!

— Après ça, pour dire qu'elle n'était pas gentille... qu'elle n'avait pas *quéque* chose d'agaçant!.. je mentirais si je le niais... Mais toutes les femmes ont quéque chose d'agaçant... Parbleu!.. il ne faut qu'être amoureux pour s'en apercevoir...

— Tiens, je vas te faire une comparaison: tu n'as rien .. et tu risques ce que tu as... alors tu gagnes!.. Mais tu as queuque chose et tu as peur de le perdre... alors tu ne veux pas le risquer... et tu manques ta fortune!..

— Et cet autre qui me regarde toujours... qui a l'air de vouloir me parler.. Oh! qu'il y vienne.. je le recevrai bien... Ce n'est pas que je l'aie vu avec Bastringuette. Non... ça, je dois en convenir... depuis ce jour... dans la rue Barbette... où nous avons rencontré Paul en monsieur... et ma perfide un peu plus loin... Je ne l'ai jamais vu avec elle... et ils font bien de se cacher!.. Car s'ils avaient l'air de me narguer... nom d'un nom!.. ça irait mal!..

— Et puis ensuite... il y en a qui sont malins!.. qui gagnent toujours... Je connais un particulier bien distingué qui se fait six francs par jour avec le *biribi*, voilà un état qui m'irait!

Tout à coup Jean Ficelle fait arrêter son camarade, en lui disant :

— Tiens, ils sont déjà en train les farceurs !.. Ils travaillent de bonne heure ! ce ne sont pas des *feignants !*

Les commissionnaires étaient arrivés alors sur le bord de l'eau, devant un jeu de *table-basse*, tenu par un grand gaillard qui n'était pas un moment sans parler, il étourdissait son auditoire par son babil continuel.

Beaucoup de gens d'assez mauvaise mine sont rassemblés autour du jeu. Mais en ce moment deux hommes de la campagne s'approchent ; les spectateurs leur font place, et le banquiste leur présente un cornet avec des billes, en s'écriant :

— Allons, messieurs, tirez ! à tout coup on amène un lot, ce n'est que vingt sous par coup ; et pour vingt sous il ne tient qu'à vous de gagner une superbe montre d'argent à répétition, ou un couvert de ce même métal, que vous aurez le plaisir d'offrir à votre épouse ; ou une timballe... toujours du susdit métal, dont vous pourrez faire hommage à votre respectable mère, si vous avez encore le bonheur de la posséder.

Les paysans se laissent tenter, l'un d'eux prend le cornet, lance les billes, *Jean-Pierre* compte. (Jean-Pierre est le petit nom, le sobriquet que se donnent les banquistes.) Il compte avec une facilité, une dextérité extraordinaires ; sa manière d'additionner vous semble toujours juste, et pourtant on ne gagne jamais que de petits lots de la valeur de deux ou trois sous.

Jean-Pierre s'écrie :

— Allons, messieurs, continuez, poursuivez ! redoublez ! le soup a été bon pour Jean-Pierre, mais la veine va changer ! vous aurez les gros lots, messieurs, et Jean-Pierre sera enfoncé... Mais il sera toujours trop heureux de tenir ses engagements avec l'honorable société.

Le paysan qui, pour vingt sous, n'a gagné qu'une boîte d'allumettes chimiques, joue de nouveau dans l'espoir d'être plus heureux, et bientôt le produit de ses choux, de ses haricots et de ses fraises passe dans les poches de Jean-Pierre.

Tandis que l'habitant de la campagne reste tout hébété d'avoir perdu son argent, un ouvrier s'approche à son tour du jeu de la table-basse, puis après avoir regardé quelque temps, il s'écrie :

— J'aime mieux le biribi !

— Voilà, monsieur ! voilà le biribi demandé ! s'écrie le croupier en tirant trois cartes d'un tablier attaché devant lui, et auquel est une poche-monstre dont l'ouverture béante semble prête à enfouir tout l'argent et toute la monnaie de la société.

Pendant que le banquiste dispose sa table de biribi et fait voltiger ses trois cartes avec une adresse remarquable, un autre ouvrier, qui a suivi son camarade, lui dit :

— Ne joue donc pas, Benoît, viens ! c'est des bêtises ces jeux-là, tu sais bien qu'on y perd toujours.

— Comment, monsieur, vous prétendez qu'on perd toujours avec moi ! s'écrie le croupier après avoir craché pour parler avec plus de volubilité. Mais, monsieur, vous n'avez donc pas été témoin de tous les coups que je viens de perdre... il n'y a qu'un moment... demandez à l'honorable compagnie, si depuis une demi-heure, je n'ai pas payé plus de cent francs, oui, monsieur, cent francs ! et je ne dis pas trop, et je ne compte pas une montre d'argent que m'a gagnée ce monsieur là-bas, qui a de si beaux favoris; et des boucles d'oreilles en or pur et contrôlé que j'ai rachetées douze francs à ce petit jeune homme qui est si content, et qui se promet d'en soulager sa vertueuse mère, laquelle, depuis soixante ans, désirait prendre du chocolat ! n'est-il pas vrai, petit jeune homme ?.. Vous voyez, il vous montre ses douze francs qu'il presse sur son cœur. Ah ! on ne gagne jamais avec moi, messieurs; mais ce jeu est pur de toute tricherie, c'est à vous seulement de deviner où est la carte nommée biribi... Ce n'est pas ma faute quand vous ne devinez pas !.. Elles sont énormes les sommes que j'ai déjà payées en perdant ! Après cela, si je vous disais que je perds toujours je mentirais; non, messieurs, je ne perds pas toujours; mais la chance est égale pour tous, et si vous avez le coup-d'œil juste, si vous devinez dans trois cartes... c'est bien peu... trois... rien que trois cartes !.. si vous devinez, *redis-je*, celle qui est biribi, c'est indubitablement Jean-Pierre qui est enfoncé. Allons, messieurs, faites votre jeu ! je paye comptant ! j'ai les goussets garnis !.. en voilà de ce *quibus !* il ne tient qu'à vous qu'il passe de mes poches dans les vôtres.

Le banquiste termine son discours en tapant sur l'argent qui est dans son gousset; et l'ouvrier, étourdi par ce flux de paroles prononcées sans reprendre haleine, se décide à tenter la fortune; il suit des yeux les trois cartes que Jean-Pierre fait passer sur une table de gauche à droite et de droite à gauche avec une vitesse qui fait mal aux yeux, puis se croyant sûr de son affaire, il pose sur l'une d'elles tout l'argent qu'il a reçu pour sa semaine, et avec lequel doit vivre sa famille, il s'écrie d'un air exalté :

— Tenez-vous tout ça d'un coup ?

— Pourquoi pas, monsieur ? Jean-Pierre ne recule jamais !.. il tient tout ce qu'on veut... vos habits, vos mouchoirs, à défaut d'argent !.. Jean-Pierre fait tout pour vous être agréable.

— Ça va alors... v'là biribi... Tournez.

Le banquiste tourne la carte, l'ouvrier a perdu... il demeure morne et consterné, tandis que le paysan, qui a aussi été dépouillé, rit d'un air bête, en disant :

— Il n'est pas plus malin que moi, celui-là !

Cependant, poussé par Jean Ficelle, qui se prétend certain de le faire gagner, Sanscravate va se laisser aller à jouer au biribi... mais un compère accourt, il vient de signaler un sergent de ville à l'horizon. En un instant les jeux sont enlevés, fermés, emportés par les *Jean-Pierre* qui s'éloignent de toutes leurs jambes, tandis que les dupes restent là, tâtant leurs goussets vides, et se demandant, l'un, s'il retournera dans son village sans le produit de sa vente au marché; l'autre, s'il osera reparaître devant ses enfants qui vont lui demander de quoi acheter du pain.

Sanscravate et Jean Ficelle se sont remis en marche ; ce dernier s'écrie :

— Nous sommes arrivés trop tard ! c'est dommage ! j'ai l'idée que nous aurions fait sauter la banque... et alors quelle noce !.. nous n'aurions pas travaillé de huit jours !

— Moi, j'aime mieux ne pas avoir joué, dit Sanscravate. L'argent s'en va trop vite comme cela... et puis le jeu, c'est un vilain défaut !..

— Ah ! ouiche !.. est-ce qu'il ne faut pas que l'homme s'amuse? est-ce qu'il n'est pas né pour jouir de l'existence?.. Ce sont les capons comme Paul qui disent ça!.. Moi, je soutiens que les jeux sont l'assaisonnement de la vie... tiens, une comparaison...

— Ah ! *zut!* v'là un cabaret là-bas, j'aime mieux ça que ton biribi.

Au moment où les deux commissionnaires vont entrer dans le cabaret, un homme les arrête par derrière en leur disant :

— Est-ce qu'on passe fier comme ça devant un ami ?

Sanscravate se retourne ainsi que Jean Ficelle, et ce dernier pousse une exclamation de joie en disant :

— Eh ! c'est Laboussole ! c'est ce brave Laboussole !.. Ah ! en voilà une surprise !

C'était en effet M. Laboussole qui était devant les deux commissionnaires ; mais sa mise était un peu moins misérable qu'autrefois : il portait une redingote de castorine marron, extrêmement longue et large, car il marchait presque dessus ; il était évident que ce vêtement n'avait pas été fait pour lui, mais cela ne l'empêchait pas de se carrer dedans, et de se regarder avec complaisance, comme pour admirer sa redingote. Quant au chapeau, il était le même ; mais au lieu d'un morceau de toile à carreaux pour cravate, M. Laboussole avait un hausse-col noir en velours de coton ; ce col-cravate n'était pas de la première fraîcheur, néanmoins cela donnait à celui qui le portait quelque chose de guerrier. Ajoutez à cela une paire de moustaches qui n'était encore qu'à son adolescence, et qui s'obstinait à pousser noire d'un côté et grise de l'autre, tel était Laboussole lorsqu'il arrêta les deux commissionnaires.

— Comment, c'est toi, vieux ! reprend Jean Ficelle en secouant la main de Laboussole. Y a-t-il longtemps qu'on ne t'a vu !.. voilà trois mois et demi bientôt !

— Oui, dit Sanscravate, qui ne semble pas aussi charmé de la rencontre, pas depuis le jour où nous étions ensemble à boire... rue Saint-Lazare... et qu'on est venu arrêter monsieur...

— Ah ! oui... en effet ! je me rappelle, répond M. Laboussole en prenant un air de bonhomie. Vous étiez présents lors de cette arrestation... un quiproquo, mes enfants, un malheureux quiproquo, et pas autre chose !.. On m'avait pris pour un autre... et après m'avoir gardé deux mois en prison, on s'est empressé de me relâcher... Ils m'ont même fait des excuses... que j'ai acceptées, mais c'est toujours fort désagréable. J'avais envie de plaider, de demander des dommages et intérêts, mais tout le monde m'a dit : ton innocence n'a jamais été douteuse, la société t'a toujours rendu justice, ça doit te suffire.

— Oh ! pardié, j'ai toujours bien pensé que tu n'étais pas coupable, et je l'ai dit plus d'une fois à Sanscravate... N'est-ce pas, Sanscravate, que je t'ai dit : On a eu tort d'arrêter Laboussole, il est blanc comme ma chemise ?..

Sanscravate fait un signe affirmatif, et Laboussole lui saisit la main et la lui secoue, en lui disant :

— Mes enfants, votre estime m'est bien agréable. Oui, certes, je suis au moins aussi blanc que la chemise de Jean Ficelle... peut-être plus même... mais je crois que vous entriez chez le marchand de vin, il ne faut pas que je vous en empêche.

— Au contraire, tu vas entrer te rafraîchir avec nous... Est-ce que des amis peuvent se revoir à sec !..

— Volontiers, mes enfants... entrons ; j'éprouvais justement le besoin de m'humecter.

Les trois hommes entrent chez le marchand de vin. Jean Ficelle demande une petite salle particulière ; on les sert dans une pièce où il n'y a que deux tables, mais aucune n'est occupée. On apporte du vin, et les verres sont plusieurs fois emplis et vidés. Monsieur Laboussole paraît enchanté d'avoir rencontré les deux commissionnaires ; Jean Ficelle se montre aussi fort content, et après avoir bu quelques verres de vin, Sanscravate est devenu lui-même de fort bonne humeur.

—Ha çà ! mais, dit Jean Ficelle en considérant Laboussole, il me semble, mon ancien, que les affaires ne sont pas devenues mauvaises depuis que nous ne t'avons vu... Sais-tu que te voilà mis comme un propriétaire de l'île Saint-Louis..! Bigre !.. quel chic !..

— Oui, reprend Laboussole en se drapant dans sa castorine; je suis maintenant dans une jolie passe !.. J'ai un emploi dans une entreprise qui se forme... j'ai idée que je ferai fortune.

— Diable! t'es pas dégoûté!

— Et quelle espèce d'entreprise est-ce donc? demande Sanscravate.

— Mes enfants, c'est quelque chose de neuf... d'ingénieux, figurez-vous qu'une société de capitalistes a eu l'idée de former une assurance contre les punaises, et généralement tous les insectes quelconques qui dévorent l'humanité... car vous n'ignorez pas que l'humanité est rongée par les insectes, et même si on n'y prend garde le monde doit finir par là. Or donc, cette entreprise a réalisé un capital social d'un million... Vous comprenez qu'avec un million ce serait bien le diable si on ne détruisait pas toutes les punaises de l'Europe... c'est une affaire superbe... les actions montent! montent que c'en est effrayant!

— Tiens!.. tiens!.. drôle d'assurance!..

— Messieurs, on assure tout!.. l'existence... la fortune... les femmes... oui, messieurs, on va former une société qui vous garantira la fidélité de vos épouses, de vos maîtresses!.. il n'y aura plus de cocus, messieurs. Quelle vaste entreprise! et quel siècle que celui qui aura vu cela! Mais on n'a pas encore pu réunir assez de fonds pour faire marcher l'affaire, il paraît qu'il en faut beaucoup !.. A propos de cela, et votre tendre amie Bastringuette, je ne l'aperçois pas à vos côtés, mon cher Sanscravate... aurait-elle la rougeole ?

Sanscravate fronce le sourcil, en répondant :

— Oh ! il y a longtemps que je ne la vois plus ! que je ne pense plus à elle !

— Ah ! bah !.. vous aurait-elle fait... ce que nous disions tout à l'heure?..

— Apparemment !

— Allons ! allons, ne parlons plus de Bastringuette ! s'écrie Jean Ficelle. Tu vois bien, Laboussole, que cela donne de l'humeur au camarade.

— Oh ! pardon... mes enfants, pardon !.. j'ai été imprudent !.. c'est l'amitié qui m'égarait... buvons !..

— Et quelle place as-tu donc dans les punaises, toi?

— Une fort belle, je suis inspecteur; nous envoyons des commis préposés à la distruction, ensuite, j'arrive chez l'assuré, je visite, je regarde, je fouille partout ! et après que j'ai passé par là, je vous défie de trouver encore la moindre chose chez lui.

— Est-ce qu'on exige des moustaches dans ton emploi, que tu laisses pousser les tiennes?

— On n'en exige pas absolument, mais dans toutes les belles places on porte des moustaches, et j'ai senti que je me devais cela à moi-même.

A votre santé, mes braves !.. Au plaisir que j'ai de me retrouver dans votre sein !

M. Laboussole devient attendrissant à force de sentiment. On boit, on trinque ; les bouteilles sont lestement remplacées par d'autres ; les têtes s'échauffent, surtout celle de Sanscravate, qui prend feu facilement. Bientôt Jean Ficelle demande un jeu de cartes au garçon marchand de vin, en s'écriant :

— Laboussole, je te fais une partie... un piquet, le jeu des gens honnêtes... seulement pour la chose de s'amuser, de passer le temps et de voir si tu es fort.

— Je joue comme une huître, répond M. Laboussole, mais je ne t'en jouerai pas moins tout ce que tu voudras... Parce que je dis : la chance peut me venir !.. Buvons !..

Le garçon apporte des cartes. Jean Ficelle les prend et se place en face de Laboussole, en disant :

— A nous deux ! Sanscravate ne joue pas, il n'aime pas le jeu.

— Eh ! pourquoi donc que je ne jouerais pas? s'écrie Sanscravate en frappant sur la table avec force. Le piquet !.. mais au contraire, ç'est mon jeu favori... J'y suis très-fort.

— Eh ben ! tu joueras tout à l'heure !.. répond Jean Ficelle en clignant de l'œil à son vis-à-vis. Laisse-moi d'abord battre l'inspecteur aux punaises.

La partie s'engage, ces messieurs déclarent qu'ils jouent deux francs à manger, mais ils ne mettent pas au jeu. Laboussole perd une partie, puis une seconde, puis une troisième. Alors Jean Ficelle se lève en riant, et dit :

— Tiens, décidément tu n'es pas de force, mon vieux. Nous avons six francs à tortiller, c'est déjà gentil, je ne veux pas que tu te ruines pour nous régaler.

Sanscravate prend la place de Jean Ficelle, en disant à Laboussole :

— Est-ce que vous en avez assez ?

— Moi ! par exemple, est-ce que je recule jamais ? Je suis toujours là quand un camarade me propose une partie !.. D'ailleurs, comme je vous disais tout à l'heure, la chance peut me venir, elle est femme, donc elle doit tourner souvent .. Que jouons-nous ?

— Ce que vous voudrez...

— Une pièce de trente sous... en cent...

— Diable ! c'est bien cher !..

— Il faut bien intéresser la partie...

— Allons, va pour trente sous !

La partie s'engage : Jean Ficelle se met derrière Sanscravate et se tient debout. Monsieur Laboussole lève souvent les yeux en l'air comme pour invoquer le hasard, et prier la fortune de lui être favorable, dans ce mouvement, il rencontre toujours les regards de Jean Ficelle, qui joue du télégraphe avec ses doigts.

Sanscravate perd la première partie, et monsieur Laboussole s'écrie, avec son air de bonhomie :

— Vous le voyez, mes enfants, la chance peut tourner... c'est là-dessus que je me fie.

— Ma revanche ! s'écrie Sanscravate.

— Toujours, mon brave! toujours à vos ordres : un joueur délicat ne refuse jamais une revanche, sous peine de passer pour un carotteur, et on n'a jamais dit cela de moi... Mais du vin, d'abord, et buvons sec!.. Le jeu m'altère horriblement !

Jean Ficelle se charge d'emplir les verres. Sanscravate perd la revanche, il en demande une autre qu'il perd encore ; mais Laboussole ne cesse de s'écrier :

— Vous êtes pourtant beaucoup plus fort que moi!.. Je ne conçois pas comment je puis vous gagner !

Sanscravate veut toujours des revanches, que Laboussole s'empresse d'accepter ; Jean Ficelle a soin que les verres soient aussitôt emplis que vidés. Le vin et le jeu ont bientôt étourdi Sanscravate au point qu'il sait à peine ce qu'il fait ; son adversaire, au contraire, conserve son sang-froid et y joint tous ses petits talents de société. Bientôt Sanscravate s'aperçoit qu'il a perdu tout l'argent qu'il avait sur lui ; il ne lui reste même pas de quoi payer le vin qui est bu, et dont il a aussi perdu une partie.

— Je vais payer pour toi, et tu me le devras, dit Jean Ficelle. Je ne suis pas capable de laisser un ami dans l'embarras.

Sanscravate est tout surpris en s'apercevant qu'il n'a plus le sou, car il possédait trente francs le matin. Il tâte toutes ses poches et s'écrie :

— Comment ! j'ai tout perdu... Je veux encore jouer... Je veux me rattraper !.. Je joue à crédit !..

Mais monsieur Laboussole quitte la table et se lève, en disant :

— Mon brave, ce serait avec le plus grand plaisir que je vous donnerais une revanche, mais voici l'heure où mon devoir m'appelle. J'ai trois maisons à inspecter aujourd'hui... Si demain on y trouvait le moidre insecte, je perdrais mon emploi... Un emploi de mille écus, avec le logement, la bougie et les profits, ça ne se trouve pas sous la patte d'une oie. Je suis donc obligé de vous quitter, mes braves... mais nous nous reverrons bientôt; j'irai vous trouver à votre établissement, au coin de la rue, et je donnerai à cet estimable Sanscravate toutes les revanches qu'il me demandera. Au revoir, mes enfants.

Monsieur Laboussole va secouer les mains des commissionnaires. En prenant celle de Jean Ficelle, il glisse dedans la moitié de l'argent qu'il vient de gagner à son camarade, chose qui était probablement convenue entre eux, puis il s'éloigne, en disant :

— La première fois que je vous reverrai, les amis, je vous donnerai des prospectus de notre entreprise, afin que vous voyiez si ça ne vous irait pas de prendre des actions. On a trois actions pour sept livres dix sous... Ça rapporte vingt pour cent garantis, et on reçoit en sus les portraits des inspecteurs, qu'on est libre de faire encadrer.

Laboussole s'est éloigné. Jean Ficelle paye la dépense et emmène Sanscravate. Celui-ci se laisse conduire, il est étourdi par le vin qu'il a bu ; il est de mauvaise humeur d'avoir perdu son argent, et plus encore d'avoir joué ; car il y a au fond de son âme quelque chose qui lui dit que sa conduite n'est plus celle d'un bon sujet, et que la société de Jean Ficelle l'entraîne toujours à mal faire. Lorsque notre conscience nous parle ainsi, que nous entendons sés reproches, et que tout en cherchant à nous étourdir nous sommes mécontents de nous-mêmes, il y a encore lieu d'espérer que l'on reviendra dans la bonne route.

Il y a déjà quelque temps que les deux commissionnaires marchent à côté l'un de l'autre d'un pas un peu inégal. Jean Ficelle, qui aime à faire le beau parleur et qui se croit le talent d'enjôler son monde, est en train de faire à son camarade une comparaison pour lui prouver qu'un joueur qui a perdu tout son argent est bien plus près de gagner que celui dont les poches sont pleines. Sanscravate entend son compagnon sans lui prêter aucune attention ; son teint est enflammé, son regard animé et querelleur, il ne se range pour personne, et déjà plusieurs fois il a cogné rudement et failli renverser des individus qui passaient près de lui.

— Prends donc garde, lui dit Jean Ficelle, tu bouscules tout le monde ! Tu vas te faire de mauvaises affaires !..

— Pourquoi qu'ils ne se rangent pas ! Tant pis pour eux ! et après tout si quelqu'un n'est pas content qu'il le dise !..

Tout à coup, en côtoyant les bords du canal, Sanscravate aperçoit au coin d'une rue un homme parlant avec action à une femme. Pousser un cri, s'arrêter et saisir le bras de son compagnon en le lui serrant de manière à le faire crier, tout cela est pour Sanscravate l'affaire d'un instant.

— Qu'est-ce donc ? demande Jean Ficelle presque effrayé.

— C'est elle... c'est lui... Ah ! oui, les voilà ensemble... Tiens... tiens, là-bas. . à l'entrée de cette rue...

Jean Ficelle regarde ; il reconnaît Paul parlant à Bastringuette avec feu et d'un air de mystère, et répond :

— Pardi, ce sont les tourtereaux qui se sont

donné rendez-vous par ici... loin de notre quartier pour n'être pas vus... Comme ça se trouve, toi qui disais que tu n'avais jamais aperçu Paul avec ta volage... Tu les vois aujourd'hui

— Oui... et je doutais encore !.. Ah ! l'infâme ! mais il va me payer ses trahisons.

— Qu'est-ce que tu vas faire... voyons, Sanscravate, pas de mauvaises batailles... donne-lui une gifle... Oh ! il l'a bien méritée, et puis filons ! car quoiqu'il passe peu de monde par ici, il faut éviter les badauds.

Sanscravate n'écoute plus son camarade, il se dirige à grands pas vers Paul, que Bastringuette vient de quitter, et qui va aussi s'éloigner en suivant le canal, lorsque Sanscravate se place devant lui en s'écriant :

— Tu n'iras pas plus loin !

— C'est toi, Sanscravate, répond Paul en regardant le commissionnaire, mon Dieu ! qu'as-tu donc ? tes traits sont bouleversés !..

— J'ai que tu es un lâche... un gredin...

— Sanscravate !..

— Avec qui étais-tu, il n'y a qu'un moment ?

— Avec Bastringuette.

— Qui s'est sauvée à mon approche, parce qu'elle a eu peur que je ne lui donne une roulée... mais je ne bats pas les femmes, moi... c'est sur les hommes que je me venge... et tu vas te battre avec moi !

— Sanscravate, tu es dans l'erreur, je te le

jure... Je ne suis pas l'amant de Bastringuette... je ne lui parlais pas d'amour ; tu sais bien d'ailleurs que je suis amoureux d'une autre femme.

— Ça prouve que tu en aimes deux à la fois, v'là tout. Oh ! tu ne me tromperas plus avec ton air doucereux ! Tu es un fourbe... un traître... je te connais à présent !.. Allons, habit bas...

— Sanscravate, tu n'as pas en ce moment toute ta raison... quand tu seras plus calme, tu m'écouteras.

— Non, non, rien !.. il y a assez longtemps que je dévore mon affront... que je passe pour un sans-cœur... il faut en finir...

— Mais tu te trompes... écoute-moi...

— Rien... battons-nous...

— Je ne me battrai pas avec toi, je te l'ai déjà dit.

— Et moi, je saurai bien t'y forcer...

— Oui, oui, dit Jean Ficelle qui est alors derrière Sanscravate, quand on détourne la maîtresse à un ami, on ne peut pas lui refuser une satisfaction.

Paul jette un regard de mépris sur Jean Ficelle, et va lui répondre, lorsque Sanscravate, arrivant sur lui comme un furieux, lui met son poing contre le visage, en s'écriant :

— Te battras-tu ?

— Non... car tu es gris !.. Je dois excuser tes sottises...

— Ah ! c'est comme ça ?..

Sanscravate, dont la jalousie achève de troubler la raison, s'élance alors sur Paul, et le prenant par le milieu du corps, le jette contre la muraille. Le jeune commissionnaire cherche à se retenir; mais il trébuche, chancelle, et, en tombant, sa tête rencontre un pavé laissé par malheur en cet endroit; l'angle du pavé lui fait à la tête une profonde blessure, et le sang qui en sort se répand aussitôt autour du blessé.

Paul n'a pas jeté un cri; mais en voyant son sang couler, Sanscravate reste stupéfait, interdit, son visage devient d'une pâleur effrayante. Jean Ficelle lui saisit le bras, en lui disant :

— Filons!.. filons. . tu lui as donné son affaire, c'est tout ce qu'il fallait, à présent allons-nous-en...

— Mais il est blessé... son sang coule, murmure Sanscravate.

— Ah! bah! une égratignure.. un rien... ça ne nous regarde pas.

— Non, je ne le laisserai pas ainsi, je veux au moins le porter dans cette boutique là-bas, pour qu'on le panse.

Sanscravate se penche vers Paul qui, outre sa blessure à la tête, a aussi le bras gauche tout meurtri. Lui ôter sa veste, relever la manche de sa chemise afin d'examiner si cette autre blessure est dangereuse, tout cela est pour Sanscravate l'affaire d'un instant; en mettant à nu l'avant-bras de Paul, il aperçoit alors une petite croix bleue parfaitement tracée... il va emporter le blessé dans une maison voisine, lorsque Bastringuette accourt; en apercevant Paul blessé et baigné dans son sang, elle s'écrie :

— Quelle horreur ! ils l'ont assassiné... pauvre garçon!.. pauvre Paul !

Et la grand fille, qui a mis un genou en terre, a déjà relevé la tête du jeune commissionnaire, auquel elle prodigue des soins. En ce moment plusieurs personnes qui ont entendu des cris, s'approchent du blessé. Jean Ficelle tire encore Sanscravate par le bras, en lui disant :

— Eh bien!.. tu vois qu'on n'a pas besoin de toi, et qu'il ne manquera pas de soins.

— C'est vrai... tu as raison, puisqu'elle est auprès de lui.. je n'ai plus que faire ici! partons!

En disant ces mots, Sanscravate s'éloigne précipitamment avec Jean Ficelle, sans retourner une seule fois la tête, comme s'il craignait de rencontrer les regards de Bastringuette.

=

CHAPITRE II.

Une réunion. — Un souvenir.

Il y avait une brillante soirée chez un riche étranger qui était venu se fixer à Paris, parce qu'il trouvait que c'est dans cette ville que l'on sait le mieux s'amuser, varier ses plaisirs et se faire honneur de sa fortune. Cet étranger avait parfaitement raison ; et comme les Parisiens aiment beaucoup les gens qui leur donnent des dîners, des concerts, des bals, des routs, des fêtes de toute espèce enfin, la demeure du riche étranger devenait le lieu de rendez-vous de bien du monde, et ses soirées étaient toujours très-suivies.

Peut-être les personnes qui tiennent à savoir avec qui elles se trouvent, qui craignent de s'asseoir à une table de jeu avec un monsieur ou une dame dont la position sociale n'est pas parfaitement établie, auraient-elles pu trouver nature à critiquer dans la société qui se réunissait dans les salons de monsieur Grazcernitz (c'est le nom du riche étranger) ; mais comme le nombre de celles qui aiment à s'amuser est considérable, ce monsieur était toujours certain d'avoir beaucoup de compagnie.

Pour être invité chez monsieur Grazcernitz, il suffisait de faire figure dans le monde, d'avoir un nom dans les lettres, dans les arts, dans le commerce; de bien chanter une romance, une chansonnette, de conter agréablement des historiettes ou même de faire des calembours. Pour les dames, le riche étranger se montrait encore plus indulgent; une jolie femme, une dame à la mode, un bas-bleu, une artiste incomprise ou méconnue, étaient toujours bien venues dans son salon

Souvent on retrouvait là des personnes que l'on ne rencontrait jamais dans les promenades ou dans les spectacles; comme aux embarcadères des chemins de fer, on retrouve maintenant un ami qu'on n'a pas vu depuis plusieurs années, une maîtresse que l'on suppossait partie pour la Russie, un vieil artiste que l'on croyait mort, enfin quelqu'un que l'on cherche inutilement dans les rues de Paris.

Or, les salons de M. Grazcernitz étaient assez habituellement fréquentés par monsieur et madame Plays. Monsieur y allait pour y conduire sa femme, et madame pour y étaler ses charmes, ses toilettes et y faire des conquêtes. C'était dans cette maison qu'elle avait fait la connaissance d'Albert Vermoncey.

Madame Baldimer allait aussi chez le riche étranger, c'était même dans ses réunions qu'on lui avait donné le surnom de la belle Américaine.

On rencontrait aussi là Balivan, le peintre distrait, le joyeux Mouillot, le magnétiseur Dupétrain, le jeune homme aux cils blonds, et monsieur Célestin de Valnoir, qui avait le talent de se glisser partout.

Tobie Pigeonnier s'était fait introduire chez monsieur Grazcernitz peu de temps avant la perte de son olive; il avait été enchanté de se trouver dans une réunion où le punch, les glaces, les gâteaux et les friandises de toutes espèces étaient prodiguées aux invités. Depuis l'aventure de son fétiche, il n'osait plus retourner chez monsieur Grazcernitz, et ce n'était pas une de ses moindres contrariétés.

Madame Baldimer vient d'être annoncée. Elle entre dans les salons en donnant la main à monsieur Dupétrain qui, à force de dire à cette dame qu'il lui ferait avoir le talent de magnétiser, d'endormir qui elle voudrait, est parvenu à être reçu chez elle.

La belle Américaine est resplendissante de toilette, de brillants, de bijoux; la beauté de sa personne, l'éclat de sa parure attirent toujours les regards, et bientôt autour d'elle se forme un cercle et des conversations.

— Ce Dupétrain est-il heureux! dit un petit monsieur très-vilain... il est le cavalier de madame Baldimer, elle accepte son bras... Conçoit-on le caprice de cette dame! choisir pour cavalier un homme laid... un homme qui n'a rien pour plaire... tandis que tant de jolis garçons, de gens de mérite lui font la cour.

— Qu'est-ce que cela prouve! répond un monsieur en riant au nez de celui qui vient de parler. Ne croyez-vous pas que Dupétrain est l'amant de cette dame !.. elle accepte son bras au contraire parce qu'il est sans conséquence.... D'ailleurs elle a été courtisée par bien d'autres qui pour lui avoir servi aussi de cavaliers, n'ont pas été plus heureux. Cette belle dame me fait l'effet de s'amuser aux dépens de tous ceux qui lui font la cour.

— Vous croyez? Ne s'est-on pas battu aussi pour elle?

— Oui, je crois qu'il y a eu un duel .. mais je ne sais pas entre qui.

L'arrivée de deux nouveaux personnages change le sujet des conversations. C'est monsieur et madame Plays qui viennent de pénétrer dans les salons. Le maître de la maison va au-devant de la superbe et massive Herminie, en lui disant :

— Eh ! mon Dieu ! madame , quel bonheur de vous voir !.. il y a si longtemps que nous en sommes privés... Qu'êtes-vous devenue... voilà plus de deux mois qu'on ne vous a aperçue dans le monde !.. Je me suis informé plusieurs fois de vous, et l'on m'a dit : Madame Plays s'est retirée dans une de ses maisons de campagne, elle ne voit personne, ne reçoit personne, enfin elle s'est faite ermite.

Madame Plays prend un air langoureux, en répondant :

— C'est vrai... je ne suis pas allée dans le monde depuis bien longtemps !.. Ah !.. je ne voulais plus y retourner...

— A votre âge, madame, quand on fait l'ornement de la société !.. la fuir !.. mais cela n'est pas permis... C'est un délit... un vol que vous nous faites !.. et vous souffririez cela, M. Plays?

M. Plays prend aussi un air pénétré pour tâcher de ressembler à sa femme, et répond :

— Mon épouse m'avait emmené avec elle dans une de nos terres... c'était fort triste... nous n'étions que nous deux ! nous ne recevions aucune visite.... nous n'avions pas dit où nous allions... nous étions partis comme des sournois, tout d'un coup... mais après cela, quand on a des sujets de s'affliger.. vous comprenez... et mon épouse avait certainement un motif de larmes bien fondé dans...

Madame Plays pince le bras de son mari, en lui disant à l'oreille :

— Taisez-vous... en voilà assez... taisez-vous... qui est-ce qui vous prie de dire cela ?

M. Plays se tait et fait semblant d'avoir un accès de toux pour ne pas continuer sa phrase. M. Grazcernitz prend la main de la belle Herminie et la fait asseoir sur un divan, près d'autres dames avec lesquelles elle ne tarde pas à entrer en conversation.

Cependant au bout de quelques instants, la dame qui est à la droite de la superbe Plays se lève et va s'asseoir dans un autre salon; peu de temps après, celle qui est à sa gauche se lève et disparaît aussi. La belle Herminie est restée seule sur le divan; alors plusieurs jeunes gens s'approchent d'elle afin de lui débiter de ces lieux communs, de ces fades galanteries dont il se fait une si prodigieuse consommation dans les salons.

Un jeune homme qui vient de causer quelques instants avec madame Plays, la quitte bientôt et va dire à un de ses amis :

— C'est bien extraordinaire.... je n'y conçois rien...

— Quoi donc ?

— Tu vois bien cette dame là-bas, avec laquelle je causais tout à l'heure ?

— Madame Plays ?

— C'est cela. Eh bien ! mon cher, je ne sais pas quelle espèce de parfum elle a sur elle, mais c'est à n'y pas tenir...

— Ah ! bah !..

— C'est un goût de vieux tabac... c'est épouvantable...

— Pas possible.

— Tiens !.. voilà Alfred qui la quitte, tu vas voir...

— Alfred !

— Hein ?

— Tu viens de causer avec madame Plays, as-tu senti?..

— Oh! parbleu! c'est cela qui m'a fait sauver! certainement j'aime à fumer un cigare, mais une dame qui sent le corps de garde, ce n'est pas agréable du tout. Il faut que cette dame chique!.. il n'est pas possible autrement.

— C'est une habitude qu'elle aura prise dans sa retraite.

— Nous devrions aller le demander à son mari.

— Oh! par exemple! je n'oserai jamais!

—On voit bien que tu ne connais pas M. Plays! je te parie que j'ose, moi. Suivez-moi sans en avoir l'air et vous allez voir.

Le jeune homme qui vient de dire cela, se dirige vers M. Plays qu'il aperçoit dans une pièce voisine, debout près d'une table où l'on fait le whist, qu'il regarde jouer avec beaucoup d'attention.

— Eh bien! M. Plays! dit le jeune homme en saluant l'époux d'Herminie, vous semblez bien préoccupé à regarder le jeu?

— Oui, en effet... je fais attention!

— Vous étudiez les finesses du whist?

— J'étudie tout!..

— Vous êtes fort au whist?

— Moi... au contraire.... je ne comprends pas encore jeu-là:.. il y a cependant dix ans que je le regarde jouer avec beaucoup d'attention...

mais enfin j'espère qu'à force de regarder, je finirai par l'apprendre!.. Ma femme veut absolument que je le sache... c'est pour cela que je m'entête à le regarder jouer.

— A propos de madame, M. Plays, elle est devenue une lionne dans sa retraite.

— Une lionne?.. ma femme!.. mais non, je vous assure... au contraire, son caractère a pris plus de flexibilité... elle est fort douce.

— Vous ne m'entendez pas, M. Plays; par lionne nous voulons dire, nous autres fashionables, une femme excentrique, une femme très-avancée dans le progrès.

— Comment, vous trouvez ma femme avancée ?

— En un mot, une femme qui fume! n'est-il pas vrai que madame votre épouse se livre maintenant à ce plaisir ?

—Ma femme fumer!.. jamais!.. Oh! vous êtes complètement dans l'erreur... Ah! je devine pourquoi vous me demandez cela... vous avez trouvé quelle sentait le tabac, n'est-ce pas ?

— Ma foi, oui, M. Plays... je l'ai trouvé; et s'il faut vous l'avouer, je ne suis pas le seul dans cette réunion qui ait fait cette remarque.

— Je vous crois, oh! je vous crois parfaitement, puisque moi-même je l'ai faite aussi... et ce n'est pas de ce soir seulement que ma femme sent le tabac à fumer... Depuis qu'elle m'a emmené dans notre terre où nous avons seconde vue, il vous dira peut-être ce qui m'attire dans ce salon.

— Moi, belle dame!, ah ! je vous forcerais bien à nous le dire, si vous vouliez me laisser vous endormir !

— Oh ! pas en ce moment, il me semble que le lieu serait mal choisi ! Mais en endormant les dames vous pouvez, monsieur Dupétrain, leur rendre souvent de grands services... Si je vous avais connu plus tôt, je vous aurais prié de me tirer l'horoscope d'une jeune fille... à laquelle je m'intéressais beaucoup !

— Et que lui est-il donc arrivé à cette jeune fille... Etait-elle jolie ?

— Charmante !..

— Oh ! alors c'est une histoire d'amour.

— Mon Dieu, oui, messieurs, comme vous dites, c'est une histoire d'amour... de séduction ! une histoire très-ordinaire pour vous ! mais nous autres femmes cela nous intéresse toujours !

— Oh ! voyons l'histoire de votre jeune fille, madame.

— Je vous assure qu'elle ne peut intéresser que ceux qui en ont connu les principaux acteurs. C'était une jeune brodeuse bien pauvre, et pourtant bien sage jusqu'au moment où un jeune homme, qui n'était guère plus riche qu'elle, lui fit la cour.. La jeune fille se laissa séduire, son cœur se donna et elle succomba !..

car le jeune homme lui avait fait les plus belles promesses, comme les hommes en font lorsqu'ils veulent nous tromper... La pauvre petite devint mère, et au lieu de travailler quatre fois plus pour lui donner de quoi élever son enfant, le séducteur le fit porter avec ces malheureux élevés par la charité publique, et qui ne connaissent plus leurs parents... Oh! cela vous indigne, n'est-ce pas, messieurs! Quand la jeune fille demandait à voir, à embrasser son enfant, on l'abusait par de fausses paroles .. Mais enfin elle sut la vérité, et pendant qu'elle se désolait en redemandant son fils... car c'était un fils qu'elle avait, son séducteur était occupé à faire la cour à une demoiselle qui avait de la fortune. Bref, ma jeune fille mourut, et le monsieur se maria, devint riche, et fut très-considéré dans la société. Vous voyez, messieurs, que mon histoire ressemble à tout ce qui se passe journellement dans le grand monde.

M. Vermoncey n'a pas perdu une parole de ce que madame Baldimer vient de raconter; dès les premiers mots de son récit, une pâleur effrayante a couvert son visage, puis ses mains tremblent, de grosses gouttes de sueur paraissent sur son front, il ne sait plus ce qu'il joue, il tient ses cartes sans les voir, enfin les personnes dont il fait la partie lui disent :

— Vous vous trouvez sans doute indisposé. Quittez le jeu, allez prendre l'air.

dit Sanscravate au portier, mais je pense que je ne suis pas obligé de l'attendre dans l'appartement ; il y a un marchand de vin à deux pas, je vais y aller après avoir renvoyé le voiturier ; vous aurez bien la complaisance de venir m'avertir aussitôt qu'ils arriveront, et en deux enjambées je suis ici.

— C'est convenu, dit le portier, vous pouvez aller vous refaire un brin chez le marchand de vin, j'irai vous avertir.

Sanscravate paye et renvoie son voiturier, puis il entre au cabaret voisin, et va s'établir devant une table, où il se fait servir un déjeuner qu'il a bien gagné par son travail, et qu'il prend avec plus de plaisir que tous les *extra* qu'il fait avec Jean Ficelle.

Il y a déjà longtemps qu'il est chez le marchand de vin, et son appétit commence à être satisfait, lorsque le portier arrive, et lui dit :

— On est arrivé, on vous attend .. on trouve tout bien, excepté une commode qu'on veut changer de place.

— Me voici ! s'écrie Sanscravate, qui se hâte de payer sa dépense, et puis suit le portier, en lui disant :

— Monsieur Albert est arrivé ?

— Oui, le jeune homme est venu avec la petite dame, mais il est reparti bien vite... Il paraît qu'il était pressé... La petite dame est maintenant seule chez elle.

— Ah ! il est reparti !.. diable ! je ne saurai pas s'il est content alors.

— Pourvu que cette dame le soit, c'est tout ce qu'il faut, puisque c'est pour elle l'appartement... D'ailleurs ce monsieur va peut-être revenir.

— Au reste, comme vous dites... si la dame est satisfaite, c est tout ce qu'il veut, lui

On est arrivé à la maison, le portier laisse monter Sanscravate, en lui disant :

— Vous savez où c'est, je n ai pas besoin de vous conduire.

Et le commissionnaire monte seul, arrive devant l'appartement, voit la clé sur la porte, entre et s'arrête dans la première pièce où il n'y a personne.

— Il paraît que la petite dame est au fond, se dit Sanscravate, je vas peut-être la déranger... cependant puisqu'elle veut que je change un meuble de place... c est qu'elle m'attend ..

Et le commissionnaire se met à tousser pour avertir qu'il est là, puis voyant qu'on ne lui répond pas, il se décide à entrer dans la pièce du fond.

Il aperçoit une femme qui lui tourne alors le dos, parce qu'elle regarde à une croisée.

— Excusez, madame, dit Sanscravate, mais c'est moi.... le commissionnaire qui vous a emménagé.

La jeune femme se retourne, et laisse voir

alors une figure un peu pâle, mais d'une expression ravissante de douceur et de simplicité. C'est un assemblage de petits traits gracieux, ce sont des yeux d'un bleu pur comme l'azur du ciel, et ombragés par des cils bien noirs et bien longs; c'est un nez mignon bien fait, bien modelé; une petite bouche, des dents blanches et correctes, puis enfin, ce qui donne surtout un charme infini à tout cela, c'est quelque chose de naïf, de touchant dans la physionomie, quelque chose qui annonce que l'on ne sait pas encore mentir.

Sanscravate considère cette jeune fille, et il reste saisi, immobile, ne pouvant, n'osant en croire ses yeux... il fait quelques pas, puis s'arrête, il la regarde encore, et il murmure :

— Ah! mon Dieu!.. est-ce possible!.. est-ce un rêve. . mais non... je me trompe... ça ne peut pas être elle.

Mais de son côté, la jeune fille, qui est devenue toute tremblante en regardant Sanscravate, et dont les yeux sont mouillés de pleurs, ne tarde pas à courir se jeter dans les bras du commissionnaire, en s'écriant :

— Mon frère!.. c'est toi!.. mon Dieu... est-ce que tu ne veux plus me reconnaître?

— Ma sœur!.. ma Liline!.. s'écrie Sanscravate, en prenant dans ses mains la tête de la jeune fille, et en la couvrant de baisers, c'est donc vrai que c'est toi!..

Mais cette expression de bonheur n'a que la durée d'un éclair. Sanscravate laisse retomber ses bras, il s'éloigne de la jeune fille, et reprend avec l'accent du désespoir :

— Ma sœur ici... à Paris... avec M. Albert!.. ma sœur enlevée... déshonorée... perdue alors... Ah! mon Dieu!.. et notre pauvre père!

Et Sanscravate s'est laissé tomber sur un siége, il ne peut plus parler, il ne voit plus devant lui, son front brûle, il est comme anéanti par sa douleur; mais la jeune fille est revenue vers lui, elle lui tend les bras, elle se met à ses genoux, et elle lui dit avec un accent qui va à l'âme :

— Pardonne-moi, mon frère, je t'en prie, pardonne-moi!

Cette voix si douce arrive au cœur du commissionnaire; il relève sa sœur et l'attire près de lui, en disant :

— Mais comment donc cela peut-il être arrivé... Allons... voyons... conte-moi tout au moins!.. Oh! ne me cache rien!.. car il faut que je sache bien tout!

Adeline s'assied sur les genoux de son frère, en balbutiant :

— Oui, je vais te raconter comment cela est arrivé... oh! tu sais bien que je ne mens jamais!

Puis avec une expression de voix et une simplicité de langage aussi naïves que ses traits, la jeune fille lui fait le récit suivant :

— La dernière fois que tu es venu voir mon père, au pays, tu sais bien que j'étais déjà chez une dame riche qui m'avait prise en amitié et me traitait comme sa fille. Mon père y avait consenti, car il pensait que l'éducation que je recevrais chez cette dame pourrait m'être utile un jour. J'étais donc à Clermont, chez ma protectrice. Là on me faisait beaucoup travailler, lire, apprendre la musique !.. mais bien souvent, mon frère, je regrettais notre chaumière, où je pouvais courir, jouer, sauter à mon aise; tandis que dans le salon de ma protectrice il me fallait toujours être habillée avec soin, me tenir bien droite et renoncer à tous ces jeux qui avaient tant amusé mon enfance. Enfin, Etienne, s'il faut te l'avouer, j'étais quelquefois triste et je m'ennuyais souvent, mais je n'osais pas le dire de peur de paraître ingrate. Mon plus grand bonheur était de me mettre à une fenêtre qui donnait sur la route: car de là on apercevait la campagne, notre village, nos montagnes, et, tout en faisant de la tapisserie, je regardais en soupirant du côté où est placée notre chaumière. Il y a cinq semaines environ, pendant que j'étais à la fenêtre, je vis un jeune homme à cheval passer sur la route. Il me regardait, je détournai les yeux, cependant je crus voir qu'il me saluait. Le lendemain, il passa encore, il regarda de nouveau, et comme cette fois je vis bien qu'il me saluait, je crus qu'il était de la politesse d'en faire autant. Pendant plusieurs jours ce jeune homme passa... j'étais toujours à la fenêtre, je regardais toujours du côté de notre village... mais je voyais bien aussi quand le jeune homme était là. La croisée n'était pas bien élevée... en approchant avec son cheval il me dit quelques mots... que je n'écoutai pas le premier jour, mais auxquels je répondis le lendemain. Enfin... je ne sais pas comment cela se fit... mais bientôt M. Albert... c'est lui qui était le cavalier, me dit qu'il m'aimait... moi je lui avouai que je l'aimais aussi... Ah! mon frère! si tu savais comme il eut l'air content quand je lui dis cela... il s'écria qu'il ne pouvait pas vivre sans moi, et je l'engageai à aller trouver mon père à notre village et à lui demander la permission de m'épouser. Le lendemain il revint d'un air bien triste, et il me dit qu'il avait vu mon père qui lui avait refusé de nous marier ; je lui dis de voir ma protectrice, mais il me répondit que cette dame avait d'autres projets pour moi ; qu'il savait qu'elle voulait me faire épouser un vieux monsieur très-riche qu'elle attendait à Clermont, d'un moment à l'autre. Alors, moi je pleurai aussi, mais Albert me dit : Il n'y a qu'un moyen pour que nous ne soyons pas séparés, c'est de consentir à me suivre, de venir avec moi à Paris... nous nous y marierons bien vite, il faudra bien ensuite que nos parents nous pardonnent. Moi...

je ne voulais pas d'abord!.. mais il me pria tant... en me jurant que je serais sa femme, et il y avait tant d'amour dans ses yeux et dans mon cœur... j'ai fini par céder... Il m'a dit : Je vous emmènerai à Paris, et quand nous y serons mariés, j'écrirai à votre père pour qu'il vienne vous retrouver. Alors je me suis souvenue de toi, je lui ai dit : J'ai un frère à Paris, il s'appelle Etienne, et c'est un bien brave garçon... mais... il ne faut pas que je mente... je ne lui ai pas dit que tu étais commissionnaire... car chez ma protectrice ils ont l'air de se moquer de ceux qui font cet état .. J'ai dis que tu apprenais à faire fortune, mais que je ne savais pas comment, et Albert m'a répondu : Nous irons trouver ton frère et je l'aimerai aussi. Enfin... je me suis laissée enlever... emmener... j'ai fais tout ce qu'Albert a voulu... oh ! pardonne-moi, Etienne... c'est bien mal sans doute ! mais Albert est un honnête garçon, il m'épousera, car il me l'a promis... je serai sa femme, et alors mon père me pardonnera aussi, n'est-ce pas ?

Sanscravate a écouté avec une tristesse morne le récit de sa sœur; lorsqu'elle a cessé de parler, il reste quelque temps absorbé dans sa douleur et il semble attendre qu'elle parle encore, puis tout à coup il repousse la jeune fille, se lève brusquement et marche dans la chambre à grands pas, en s'écriant :

— Voilà donc comme ils se conduisent ces

beaux jeunes gens dont nous sommes les commissionnaires ! Ah ! je mérite ce qui m'arrive... oui ! depuis quelque temps je me conduis mal... je deviens aussi un mauvais sujet... je me laisse entraîner à jouer, à boire... et j'oubliais mon pays, mon père, ma famille... et maintenant !.. ce beau monsieur qui me payait si bien !.. cette belle pratique qui était si généreuse... elle vient encore de m'en donner de l'argent.. et c'est pour que je l'aide à cacher ma sœur... qu'il a enlevée, qu'il a déshonorée... Ah ! crédié... les mains me démangent !

— Ah ! mon frère, ne te mets pas en colère... Albert ne sait peut-être pas que tu es mon frère...

— Oh ! non sans doute il ne le sait pas !.. sans cela je crois bien qu'il ne serait pas venu me chercher, et puis tu as dit que ton frère s'appelait Etienne, et ici moi, on m'appelle Sanscravate !.. mais c'est le ciel qui a permis que je te trouve à Paris ; car vois-tu, Liline, je suis là, moi... et il faudra que ton séducteur répare sa faute... ou sinon... ah ! je le tuerai d'abord !..

— Oh ! mon ami, n'aie pas de ces vilaines pensées, pourquoi donc supposer qu'Albert me tromperait... puisqu'il m'a dit que je serais sa femme, c'est qu'il m'épousera bien sûr !

— T'épouser !.. pauvre fille !... va, malgré toutes les belles choses qu'on t'a apprises à Clermont, tu es encore bien ignorante ! tu ne sais pas que ces jeunes élégants de Paris se font un plaisir.... une gloire de tromper les femmes qui sont assez faibles pour les écouter... qu'ils ont trois ou quatre maîtresses à la fois... qu'ils sont amoureux de tous les jolis minois qu'ils aperçoivent...

— Oh ! mon Dieu , mon frère !.. est-ce que tu crois qu'Albert est comme cela?..

— Je ne le crois pas... j'en suis sûr... N'ai-je pas servi cent fois ses folies.. porté ses billets doux , ses rendez-vous... Ah ! mille tonnerres !.. et je riais de cela moi, et je disais qu'il avait raison de s'amuser... raison d'abuser de pauvres jeunes filles qui souvent se désolaient de ses trahisons... raison de se faire un jeu de la peine des autres !.. Ah ! j'étais un sans-cœur, et alors au lieu de le servir si bien j'aurais dû lui dire : monsieur Albert, c'est mal ce que vous faites là... et je ne veux plus servir vos vilaines actions... mais dame ! quand ce n'est pas à nous qu'on fait du tort nous n'y prenons pas garde !.. ça ne nous semble rien du tout, nous rions même quelquefois des fourberies qu'on fait aux autres ! Ah ! ma pauvre Liline ! pourquoi notre père t'a-t-il laissée aller chez cette dame de Clermont ! pourquoi ne t'a-t-il pas gardée près de lui, dans notre chaumière... et moi aussi, au lieu de m'envoyer à Paris... ah ! on ne devrait jamais se séparer de ses enfants ! est-ce qu'ils ne sont pas toujours mieux avec leurs parents qu'avec d'autres... Allons, tu pleures maintenant.. viens... embrasse-moi... ne pleure plus.. ne te désole pas...

La jolie Auvergnate versait de grosse larmes, car son frère venait de déchirer son cœur en lui disant que son amant était un trompeur; cependant elle ne peut encore croire qu'Albert n'ait pas l'intention de tenir ses promesses, et tout en sanglotant, elle murmure :

— Oh! mon frère... je suis bien sûre qu'il m'aime... il me le dit toute la journée... Pourquoi donc Albert m'aurait-il emmenée à Paris, s'il ne m'aimait pas ?..

— Oui, il t'aime assez pour faire de toi sa maîtresse... mais sa femme !.. songe donc que nous ne sommes que de pauvres gens .. que je ne suis qu'un commissionnaire... et lui c'est un jeune homme du grand monde.. il est riche... il ne voudra pas de moi pour son frère... tu vois bien que toi-même qui as reçu de l'éducation... pris de belles manières, tu n'as pas osé lui dire que tu étais sœur d'un commissionnaire...

— Ah! mon frère ! pardonne-moi !

Et la jeune fille court se jeter dans les bras de Sanscravate, cachant sa tête dans son sein et poussant de gros soupirs, en murmurant encore :

— Non, non. . il ne me trompera pas.

Sanscravate se dégage des bras de sa sœur, essuie ses yeux avec le revers de sa main, et s'écrie :

— Allons !.. il ne s'agit pas de pleurer comme des enfants... ça n'avance à rien. Il faut agir ici... il faut prendre un parti... oh ! le mien est pris...

— Que vas-tu donc faire, mon frère ?

— Je vais aller sur-le-champ trouver le père de monsieur Albert... parce que, vois-tu, il n'y a que ça !.. le fils pourrait dire : Je ne suis pas mon maître, je n'ose pas... il faut que j'attende... Mais ce ne sont pas de ces réponses-là qu'il me faut !.. Avec le père au moins nous saurons tout de suite à quoi nous en tenir. D'ailleurs, on dit que M. Vermoncey est un honnête homme, alors il sera sensible à ma peine... à ta situation... il ne voudra pas que de pauvres gens honnêtes soient déshonorés par son fils... il ne nous méprisera pas parce que nous n'avons pas de fortune et que je ne suis, moi, qu'un commissionnaire. Je lui dirai : Monsieur, nous n'avons pas été chercher vot' fils pour le séduire, c'est lui qui a voulu de ma sœur, qui l'a enlevée en lui promettant de l'épouser... et s'il ne l'épousait pas... ah ! jarni ! ça irait mal... car je ne suis pas d'humeur à endurer un tel affront ! Mais monsieur Vermoncey m'entendra, et il aime son fils... c'est un brave homme... il consentira, j'en ai l'espoir maintenant... car il me semble que j'ai dans le cœur des paroles qui sauront l'attendrir... allons, Liline, ne pleure plus, console-toi... tu épouseras M. Albert...

— Oh! oui, mon frère!.. oui... Oh! je suis bien contente que tu penses comme moi à présent!

Et la naïve enfant, chez laquelle le rire succède bien vite aux larmes, se met à sauter gaiement au cou de son frère.

— Tu vas rester ici, Liline... tu vas m'attendre... tu ne bougeras pas...

— Non, mon frère.

— Quand M. Albert doit-il revenir?

— Ce soir.

— Oh! je serai de retour avant lui, et j'espère te rapporter de bonnes nouvelles. S'il en était autrement... si on repoussait mes prières... alors je t'emmènerais avec moi, ma sœur, je ne te laisserais pas un moment de plus avec ton séducteur... je travaillerais pour nous deux... Oh! c'est fini, vois-tu, je n'irai plus au cabaret... ni avec Jean Ficelle... je tâcherai d'amasser bien vite une petite somme, et je te ramènerai près de notre père, que nous ne quitterons plus... Tu me suivrais, n'est-ce pas, Liline?

— Oui, mon frère .. mais Albert m'épousera... son père consentira .. toi-même, tu viens de le dire tout à l'heure.

— Ah! du moins, il faut l'espérer... allons, embrasse-moi, ma sœur, et prie le ciel pour que ma démarche ne soit pas inutile!

La jeune fille se jette dans les bras de son frère qui la tient quelque temps serrée contre sa poitrine, et qui a besoin de faire un effort sur lui-même pour se séparer d'elle ; enfin ayant rassemblé tout son courage, Sanscravate, après avoir donné encore un baiser à Liline, la quitte pour se rendre chez monsieur Vermoncey.

C'était quelques jours avant, que le père d'Albert s'était trouvé chez monsieur Grazcernitz avec madame Baldimer, et qu'il en était parti en proie à une violente agitation, après avoir entendu l'histoire racontée par la belle Américaine.

Depuis ce moment, monsieur Vermoncey était resté livré à une sombre mélancolie, il s'était retiré dans son appartement, et n'avait voulu recevoir aucune visite, enfin il semblait qu'un profond chagrin, qui n'était qu'endormi au fond de son âme, venait de s'y réveiller avec une nouvelle force, et absorbait toutes ses pensées

Le retour de son fils avait cependant ramené un peu de joie dans l'intérieur de monsieur Vermoncey, mais Albert, tout occupé de sa nouvelle passion, restait le plus possible près de la jeune fille qu'il avait ramenée de Clermont ; monsieur Vermoncey ne le voyait donc que fort peu, et il excusait son fils, présumant qu'après une assez longue absence, il était avide des plaisirs qu'il retrouvait dans la capitale.

Sanscravate a marché d'un pas ferme jusqu'à la demeure de monsieur Vermoncey ; arrivé devant la maison, il sent le courage lui manquer; mais pour se ranimer, il songe à sa sœur à laquelle il vient de promettre de rapporter une bonne nouvelle, il pense à son vieux père, à leur honneur, dont il est responsable, et bientôt il n'hésite plus, il entre, il passe devant le concierge, et sonne chez monsieur Vermoncey.

— Que demandez-vous? dit le domestique en apercevant le commissionnaire dont la mise en désordre, l'air ému et les yeux animés semblent annoncer quelque chose d'extraordinaire.

— Je demande le père de monsieur Albert... monsieur Vermoncey.

— Et que lui voulez-vous?

—Ce que je lui veux... ça ne regarde que nous, et ce n'est pas à vous que j'ai envie de le dire.

— Mais enfin, monsieur vous a-t-il chargé d'une commission dont vous venez lui apporter la réponse?

— Il ne m'a chargé de rien du tout. C'est moi qui me suis chargé de *quéque* chose pour lui.

— Monsieur est enfermé dans son cabinet, il ne reçoit personne.

— Il faut pourtant qu'il me reçoive, moi!

— Lorsque monsieur refuse tous les jours des visites de ses amis, ce n'est pas sans doute pour donner la préférence à un commissionnaire!

Sanscravate crache dans ses mains, les frotte l'une contre l'autre, puis montrant un de ses poings au domestique, lui dit :

— Vois-tu ça? si tu ne fais pas vite ma commission, je t'écrabouille si bien le nez avec que je te défierai ensuite de te moucher.

Les yeux de Sanscravate expriment si bien sa résolution que le domestique, après avoir reculé de quelques pas, ne juge point prudent de lui résister, et se décide à aller trouver son maître, auquel il dit :

— Il y a là un commissionnaire fort brutal... fort malhonnête, qui veut absolument parler à monsieur. . Est-ce que je ne dois pas le mettre à la porte?

Monsieur Vermoncey pense que l'homme qu'on lui annonce vient lui donner des nouvelles du jeune Paul, auquel il avait trouvé un emploi, et qu'il a été chercher en vain à sa place ; il dit à son domestique :

— Faites entrer ce commissionnaire.

Cette réponse contrarie beaucoup le valet, qui va retrouver Sanscravate, et lui dit d'un air de mauvaise humeur :

— Entrez. . monsieur veut bien vous recevoir... Les maîtres sont étonnants avec leurs caprices.

Sanscravate sent un léger frisson parcourir tout son être, cependant il n'hésite plus, il entre dans le cabinet, et se trouve devant monsieur Vermoncey.

Le père d'Albert est assis devant sa cheminée, il se retourne, examine Sanscravate, qui, après avoir ouvert la porte est resté debout, et n'ose pas avancer, et lui dit :

— Eh bien !.. parlez, que me voulez-vous?

Sanscravate sent que sa gorge est sèche, qu'il n'a plus de salive dans la bouche, il est quelques instants avant de pouvoir prononcer un mot, enfin il balbutie :

— Monsieur, c'est... c'est pour... c'est monsieur votre fils...

— Mon fils ! s'écrie M. Vermoncey, qui se rappelle la première fois que Paul est venu le demander, et craint qu'il ne soit encore question d'un duel. Mon fils... que lui est-il arrivé... serait-il en danger ?.. parlez donc.

— Non, monsieur, non... il n'est pas en danger... et quand je dis que c'est pour lui... c'est-à-dire que c'est de mon chef que je viens... que c'est moi qui veux... qui... Sacredié... excusez, monsieur... mais je suis si ému... ce n'est pas de peur au moins !. mais ça me fait un drôle d'effet... Attendez, monsieur, voilà que ça revient, et après tout pourquoi n'oserais-je pas vous parler... vous êtes un honnête homme... Je suis une fichue bête de trembler... v'là que c'est passé !

M. Vermoncey regarde Sanscravate avec plus d'intérêt, il attend avec curiosité qu'il s'explique; le commissionnaire reprend avec fermeté cette fois :

— Je m'appelle Etienne Renaud. Je suis de

M. Vermoncey ne sait pas ce qu'il répond ; il lui semble qu'il n'aura pas la force de s'éloigner, car ses genoux fléchissent, ses jambes se dérobent sous lui. Cependant il a fait un dernier effort, il se lève et veut quitter la table, mais pour reculer sa chaise il faut qu'il dérange cette dame qui s'était assise tout contre lui.

Il se tourne vers elle, en balbutiant quelques mots. Madame Baldimer venait de terminer son récit, et tous ceux qui l'avaient écoutée s'écriaient que l'histoire était fort intéressante. La belle Américaine fixe ses regards perçants sur monsieur Vermoncey, en lui disant :

— Et vous, monsieur, que pensez-vous de mon histoire? vous a-t-elle aussi intéressé?

Le père d'Albert murmure quelques paroles que l'on n'entend pas, puis, étant parvenu à se frayer un passage, il sort brusquement des salons, toujours poursuivi par les regards de madame Baldimer, qui semble jouir de son trouble et de sa pâleur.

Pendant que tout ceci se passait dans le salon de jeu, madame Plays, quittée par madame Baldimer, s'était levée aussi et mise à la recherche de son mari qui s'était permis de s'éloigner de la table de whist pour aller regarder danser. Sa femme l'aperçoit enfin derrière un quadrille, elle lui saisit le bras et l'entraîne dans un coin, en lui disant :

— Je vous trouve... c'est bien heureux !

— Ma chère amie, excuse-moi si j'ai quitté les joueurs de whist, répond monsieur Plays intimidé par l'air agité de sa femme; mais je t'assure que je commence à comprendre; il y a un des joueurs qui a dit à un autre : Nous avons le trick! d'où je conclus qu'on a le trick comme on a le *nain jaune* ou le double-six... tu vois que je comprends le whist.

— Eh! monsieur, il est bien question du jeu!.. c'est d'une chose bien plus importante que j'ai à vous entretenir...

— Tu as l'air d'avoir bien chaud... veux-tu une glace?..

— Mais taisez-vous donc et écoutez-moi : Albert n'est pas mort!

— Ah! bah... ce jeune homme qu'on a tué en duel pour toi?

— Oui, Albert Vermoncey dont je m'accusais d'avoir causé la perte .. dont je pleurais le triste sort... il existe... il est à Paris.

— On ne l'a donc pas bien tué?

— Eh! mon Dieu, vous voyez bien qu'on ne l'a pas tué du tout.

— Tant mieux! car c'était un fort aimable garçon, et comme cela tu n'auras plus de remords, tu ne verseras plus de larmes sur sa fin prématurée.

— Comment, tant mieux!.. mais alors, monsieur, vous ne comprenez donc pas qu'on s'est moqué, joué de moi de la manière la plus indécente !.. Qu'Albert ne soit pas mort... je veux bien ne pas en être fâchée, quoiqu'il se soit conduit avec moi fort malhonnêtement !.. mais pourquoi venir me dire qu'on l'a tué d'un coup d'épée... pourquoi me rapporter un cigare en me disant qu'on l'a trouvé sur lui ?.. Et moi qui ai la bonté de pleurer, de me désoler, d'aller m'enfermer dans la retraite pendant deux mois.. de n'y voir que vous ! de m'ennuyer à périr !.. et de porter constamment dans mon sein ce cigare soi-disant trouvé sur Albert expirant...

— Ah ! tu portais un cigare sur toi !.. c'est donc cela que tu avais un goût... comme les troupiers... et qu'on m'a dit ce soir : madame votre épouse est une lionne !..

— Vous voyez bien, monsieur, qu'on s'est moqué de moi de la façon la plus indigne... Oh ! mais cela ne se passera pas ainsi ! monsieur, j'espère que vous ne souffrirez pas qu'on s'amuse aux dépens de votre femme. . aux vôtres par conséquent, car manquer à une femme, c'est manquer à son mari ! et on m'a horriblement manqué.

— Mais, ma chère amie, qu'est-ce que tu veux que je fasse à tout cela, moi ?

— Ce que je veux !.. quelle question ! je veux que vous vous battiez avec l'insolent qui m'a menti !

— Comment, tu veux encore faire tuer ce pauvre Albert... à peine si tu sais qu'il existe, et...

— Non, monsieur, ce n'est plus d'Albert qu'il est question ! mais de ce petit monsieur qui s'est permis de venir me dire qu'il l'avait tué en duel... Connaissez-vous Tobie Pigeonnier ?

— Tobie Pigeon...

— Vous avez dû le voir deux ou trois fois ici...

— Ah ! oui... un petit jeune homme gras... oh ! je me rappelle fort bien... il est très-joli garçon !

— C'est un petit polisson qui ment avec un aplomb imperturbable. C'est lui qui m'avait offert d'être mon chevalier, de me venger... c'est lui qui m'a apporté ce malheureux cigare... heureusement que j'ai fort mal reçu sa nouvelle, mais c'est égal, il est cause que j'ai pleuré, que je me suis abîmé les yeux... que je n'ai vu que vous seul pendant deux mois : je ne lui pardonnerai jamais cela !.. Vous irez le trouver, monsieur, et vous lui demanderez raison...

— Comment, ma chère amie, un duel ?

— Je le veux.

— Mais c'est défendu maintenant.

— Ça m'est égal.

— Je ne sais pas me battre.

— Tout le monde sait tirer le pistolet.

— Je n'ai jamais essayé.

— Dès demain matin je vous mène au tir de Lepage ; vous y passerez six heures, et en sortant de là vous tirerez suffisamment pour avoir un duel.

— Mais si monsieur Tobie refuse...

— Alors vous aurez le droit de lui appliquer une correction d'un autre genre... vous emporterez votre rotin en cas de besoin.

— Mais, Herminie...

— Mais, monsieur, je vous dis qu'il faut qu'il en soit ainsi, et maintenant partons, je ne reviens plus en société avant d'avoir été vengée; car il m'a déjà semblé aujourd'hui que l'on s'éloignait de moi; que les jeunes gens riaient, chuchotaient entre eux en me regardant...

— C'était votre cigare qui en était cause, madame.

— N'importe; quand vous aurez corrigé celui qui s'est amusé à mes dépens, les autres ne seront pas tentés de l'imiter. Partons, monsieur.

Et la superbe Herminie emmène son mari qui n'est pas content du tout d'être obligé de se battre, et qui, pour la première fois, cherche dans sa tête comment il fera pour désobéir à sa femme.

—

CHAPITRE III.

Un déménagement. — Une surprise.

Le temps est sombre, humide et froid. Sanscravate, assis à sa place, a l'air aussi triste que le temps. Parfois ses regards errent de côté et d'autre, souvent ils s'arrêtent à l'endroit où Paul se mettait, puis ils reviennent se fixer sur les dalles qui sont sous ses pieds, il appuie sa tête dans ses mains et demeure ainsi sans bouger.

Jean Ficelle se promène devant son camarade, sifflant ou chantant entre ses dents, et de temps à autre mordant dans un gros morceau de pain sur lequel il frotte un ognon cru; mais ne paraissant prendre ce repas que par nécessité et non pour son agrément.

— Sacredié! s'écrie tout d'un coup Jean Ficelle en s'arrêtant devant son camarade, j'ai beau faire mon possible pour trouver ça bon... c'est fichu! le pain et l'ognon tout sec ça ne vaudra jamais du veau rôti! C'est un triste déjeuner que je fais là!.. mais quand on crève de faim, il faut bien bourrer son polisson de ventre avec n'importe quoi!.. Si du moins on pouvait arroser cela avec du piqueton! mais rien dans les goussets pour se payer le plus petit canon... Et ce marchand de vin là-bas qui ne veut plus faire crédit, sous prétexte que je lui dois déjà! Comme c'est malin!.. Parbleu! si je ne lui devais pas c'est qu'il ne m'aurait pas fait crédit! Le monde n'est pas du tout raisonnable. Dis donc, Sanscravate, le commerce va bien mal depuis queuque temps.... Nous ne gagnons presque rien.

— Ce n'est pas étonnant, quand nous avons quelques sous tu m'emmènes bien vite pour les manger! alors on vient, on ne nous trouve plus à notre place et l'on en prend d'autres... c'est comme ça que j'ai perdu presque toutes mes pratiques... Ah! je sens bien que je me conduis mal!.. ce n'est pas en courant les cabarets, en ne voyant que des flâneurs que j'amasserai de l'argent... Qu'est-ce qu'on doit penser de moi au pays... je n'ose plus écrire à mon père... et ma sœur, ma petite Liline, à qui je voulais amasser une dot!.. Nom d'un nom! je suis un lâche!.. et dire que je n'ai pas la force de redevenir travailleur comme autrefois... Ah! c'est que... quand on a un chagrin dans le cœur... on n'est plus bon à rien!..

— Allons!.. ta, ta, ta!. te v'là parti, toi!.. tu te fais des reproches, et de quoi donc?.. Sanscravate, t'es pas un homme!.. est-ce notre faute si les commissions n'arrivent pas... Non... parce que nous allons *quéque* fois *licher* hors barrière, tu dis que nous perdons nos pratiques.. en v'là une bètise.. Tiens, je vas te faire une comparaison pour te prouver que les pratiques viennent tout de même quand nous n'y sommes pas. V'là Paul, ce gringalet qui se mettait là-bas... et qui n'y est pas revenu depuis quinze jours, par la raison que tu l'as bousculé de manière qu'il s'est un peu gâté en tombant, eh ben ! depuis quinze jours qu'il n'est pas venu à sa place est-ce qu'on n'est pas venu au moins vingt fois le demander, pour qu'il aille chez M. Vermoncey qui avait besoin de lui... et il y a cinq jours, tiens, pendant que tu étais en course, est-ce que ce monsieur n'est pas venu lui-même le demander ? C'est un homme qui a l'air cossu, il s'est adressé à moi... c'est le père de ton ancienne pratique M. Albert... Ah ! v'là un jeune homme qui te payait généreusement, comme l'argent roulait avec lui... quel dommage qu'il ait quitté Paris !.. comme nous aurions des roues de derrière à fricoter !

— Mais enfin, que t'a dit M. Vermoncey ?

— Pardi, il m'a dit comme ça : Dites-moi donc, mon garçon, votre camarade qui se mettait là-bas, le jeune Paul, il n'est plus jamais à sa place, qu'est-il donc devenu, est-ce qu'il serait malade ?.. Moi, tu comprends, pas si bête que d'aller lui dire la vérité, je lui réponds : Non, monsieur, il ne vient plus depuis queuque temps, je crois qu'il se sera retiré des commissions. Mais moi, monsieur, je suis là pour vous en faire, dites-moi ce que c'est, je vas y aller. Là-dessus il me répond : J'avais besoin de voir votre camarade, de lui parler, je m'intéresse à lui, où demeure-t-il, pouvez-vous me donner son adresse ?.. Attendez, que je lui dis : il demeure dans une rue dont je ne sais pas le nom, mais je crois que c'était numéro deux ou quatre, un numéro pair bien sûr ! Là-dessus mon homme a filé d'un air de mauvaise humeur, et je me suis dit : enfoncé la pratique !

— Mais si ce monsieur a vraiment affaire à Paul... pourquoi ne pas le lui avoir envoyé ?

— Le plus souvent !.. je vas envoyer des pratiques aux autres quand nous en manquons !.. ce serait trop pâte ferme ! et d'ailleurs est-ce qu'il nous a jamais dit son adresse, le sournois... est-ce que nous la savons ?

— Non, mais depuis cette malheureuse chute... que je lui ai fait faire, tu sais bien qu'il loge chez Bastringuette... que c'est elle qui a soin de lui... tu le sais, . puisque c'est toi qui me l'as dit.

— Oui, certainement qu'il est chez elle !.. au *lieurse* de l'avoir fait conduire à l'hôpital où il aurait été soigné gratis, elle l'a pris chez elle... elle est sa garde-malade, sa sœur du pot !.. Faut-il aimer un homme ! manger ainsi tout son argent en tisane pour lui... en drogue ! en médecine ! mais il paraît qu'elle l'aime... à feu et à sang !..

Sanscravate se ronge les ongles avec ses dents et se tait. Ce n'est qu'au bout de quelques instants qu'il murmure :

— Et cette blessure. . est-ce qu'il ne va pas mieux ? est-ce qu'il ne sera pas bientôt guéri ?

— Ah ! je ne sais pas ! . c'est-à-dire si... il va mieux de la tête , c'est guéri ; mais il paraît que c'est du bras que ce sera plus long ; il s'était démantibulé queque chose en tombant , et ça ne se remet pas tout de suite.

— Ce qui me surprend , dit Sanscravate après un moment de silence , c'est que la petite couturière n'est pas venue une seule fois nous demander de ses nouvelles depuis quinze jours !..

—Ah ! pardi, elle aura fait comme lui... queuque autre amourette... et la preuve c'est qu'elle ne vient plus de si bonne heure à son ouvrage ; et elle file ben plus tôt !.. elle a sans doute des rendez-vous où elle court... Ah ! décidément je peux pas avaler ça sec... ça me gratte la gorge... faut que je boive un canon à l'œil... Sanscravate, viens donc chez le marchand de vin qui est plus loin... là-bas à droite... tu diras que c'est pour ton compte , il te fera crédit.

— Non , je ne veux plus demander de crédit... quand on n'a pas d'argent on boit de l'eau.

— Mais es-tu bête !.. au contraire ; quand on n'a pas d'argent on se soûle pour se distraire... Allons viens donc... c'est moi qui régale... Je te le devrai.

— Non, je n'irai pas.

Le ton décidé avec lequel Sanscravate vient de lui répondre, fait comprendre à Jean Ficelle que ses instances seraient inutiles ; haussant les épaules d'un air de pitié il s'en va seul, en disant :

— A ton aise !.. je me passerai de toi, et je trouverai bien un ami qui m'offrira une bouteille.

Sanscravate éprouve une secrète satisfaction de n'avoir pas cédé à Jean Ficelle, il repose de nouveau sa tête dans ses deux mains ; il pense... probablement à Bastringuette qu'il a juré d'oublier... tout à coup il se sent frappé légèrement sur l'épaule, il lève les yeux : Albert est devant lui.

— Comment, c'est vous, monsieur ! s'écrie le commissionnaire joyeux de revoir sa bonne pratique. Ah ! y a-t-il longtemps qu'on ne vous avait vu... je parlais encore de vous tout à l'heure.

— Oui, Sanscravate, c'est moi ; je ne suis de retour à Paris que depuis huit jours, et il y a plus de deux mois que j'étais absent. Mais j'ai besoin de toi sur-le-champ. . Es-tu libre ?

— Toujours, monsieur, toujours à vos ordres !... oh ! vous savez que je vous suisdévoué...

— Oui, oui, je connais ton zèle, je sais que je puis aussi compter sur ta discrétion, et c'est pour cela que je suis venu te chercher. Ecoute, il faut ici de l'activité... j'ai ramené avec moi à Paris une jeune fille charmante.

— Oh ! bon !. je vous reconnais là, monsieur !

— Tu comprends qu'il ne faut pas que mon père sache rien de cette aventure !..

— Oh ! oui, monsieur.

— J'avais logé ma jeune amie dans un joli petit logement que j'avais d'avance fait meubler ; c'était dans un quartier éloigné, rue de Grenelle-Saint-Germain, j'espérais bien ne jamais rencontrer mon père en allant par là. Pas du tout, le hasard veut qu'un de ses meilleurs amis, qui a déménagé pendant que j'étais en voyage, soit venu se loger positivement en face de la maison où j'ai conduit la personne que j'aime.

— Ah ! bigre !.. ça ne peut plus aller !.. faut changer de logement.

— Justement, j'ai appris cela hier, et déjà j'ai loué un charmant petit logement rue Grange-aux-Belles, près du canal... Oh ! pour cette fois je réponds bien que mon père ne me rencontrera pas là ! il s'agit donc de déménager bien vite les meubles de l'appartement rue de Grenelle et de les transporter rue Grange-aux-Belles.

— Il n'y a rien de plus facile.

— Tiens, voilà de l'argent, procure-toi sur-le-champ une voiture, tout ce qu'il te faut... voilà les adresses... tu demanderas l'appartement de madame Albert... c'est le nom que j'ai donné à ma jeune fille... Le logement est petit, rien que deux pièces et un cabinet, tu auras bientôt enlevé tout cela... Voyons combien de temps te faut-il, il est neuf heures et demie.

— Eh ben, monsieur, à deux heures tout sera placé, rangé, dans l'appartement de la rue Grange-aux-Belles.

— A deux heures... fort bien ! tu es un garçon précieux. Je vais emmener déjeuner ma jeune amie pour qu'elle n'ait pas tous les ennuis d'un déménagement, et à deux heures je la ramène à son nouveau logement, tu nous y attendras, et ne ménage pas l'argent!

Albert s'éloigne rapidement, et Sanscravate range ses crochets en se disant :

— A la bonne heure !.. ça va rouler ! la bonne pratique est revenue! comme j'ai bien fait de ne pas aller avec Jean Fille, j'aurais manqué cette affaire-là.... et ce Paul qui me disait de me méfier de monsieur Albert... des commissions dont il me chargerait.... Ah! le traître! c'est de lui que j'aurais dû me méfier, il est chez Bastringuette... c'est elle qui le soigne, il paraît qu'elle l'aime fièrement, comme dit Jean Ficelle... être trahi par un ami !.. Allons ! il ne s'agit pas de tout ça !.. vite à ma besogne, je n'ai pas de temps à perdre.

Sanscravate se procure une voiture avec un

cheval, et il se rend au logement de la rue de Grenelle, il demande l'appartement de madame Albert. Le portier, qui était prévenu et bien payé par le jeune Vermoncey, s'empresse de conduire Sanscravate, en lui offrant de l'aider à enlever les meubles.

— Ça n'est pas de refus, répond le commissionnaire, car je n'ai pris avec moi que le voiturier, et il faut qu'il reste en bas; mais je comptais sur votre aide, d'autant plus que j'ai de quoi vous donner à boire.

— J'ai déjà été bien payé, dit le portier. Oh! ce monsieur-là est généreux, je suis bien fâché qu'il me quitte, ce sont de bons profits que je perds... et puis la petite femme n'a personne encore avec elle, mon épouse lui faisait son ménage... ça ne connait pas Paris, ça y vient pour la première fois... mon épouse lui aurait servi de guide, elle qui connaît tout Paris comme un fiacre!

— Est-elle gentille, la petite dame?

— Très-jolie, et quelque chose d'innocent... de naïf.. on voit bien qu'elle arrive de loin.

—Oh! monsieur Albert a bon goût; mais montons et mettons-nous vite en besogne.

Le portier conduit Sanscravate dans un petit appartement meublé avec autant de coquetterie que d'élégance; tous les meubles sont modernes et du meilleur goût; on voit que rien n'a été oublié pour rendre ce séjour séduisant, et qu'un amant riche et généreux a passé par là.

— Fichtre ! monsieur Albert fait bien les choses ! dit Sanscravate après avoir admiré le mobilier ; mais aussi il ne faut rien briser ni endommager, et je réponds de tout.

Le commissionnaire se met à l'ouvrage avec une vivacité et une adresse qui excitent l'admiration du portier ; en deux heures de temps, tous les meubles sont enlevés, transportés avec soin dans la voiture, et Sanscravate, après avoir donné encore un pour-boire au portier, se met en route avec le mobilier qui roule vers la rue Grange-aux-Belles.

Sanscravate arrive bientôt à la nouvelle demeure dont il a l'adresse ; là, le portier est aussi poli, aussi empressé que celui de la rue de Grenelle. parce que Albert a employé les mêmes moyens pour se le rendre favorable. Pour faire mouvoir la machine humaine, il n'est pas besoin de se creuser longtemps l'esprit, il suffit de graisser les ressorts.

— Voulez-vous me donner un coup de main pour porter les plus gros meubles ? dit le commissionnaire, je suis chargé de vous donner un bon pour-boire.

— Je l'aurais fait gratis... mais j'accepterai le pour-boire, répond le portier en riant.

— Celui-ci a déjà été payé aussi, se dit Sanscravate ; mais il est moins franc que l'autre, et il ne le dit pas.

On monte à l'appartement loué pour madame Albert, il est au second étage, et se compose de deux jolies pièces et de deux cabinets; les papiers sont tout neufs, les peintures toutes fraîches, il ne manque plus que les meubles.

— Diable! se dit Sanscravate en examinant le logement, ici ça n'ira pas tout seul comme là-bas, pour déménager, je n'avais qu'à enlever tout ce que je trouvais; mais en apportant ici un joli mobilier, je ne sais pas où je dois placer chaque meuble... si je mets un lit par là... et qu'on le veuille ailleurs... si je place une commode là-bas... une causeuse dans un coin, et que ce ne soit pas bien... on ne sera pas content... La jeune dame aurait dû être là pour me donner ses ordres. Enfin, je vais faire à mon idée, et puis quand elle arrivera, si ce n'est pas bien je les changerai de place.

Le portier approuve ce raisonnement. On se met à la besogne. Sanscravate redouble de zèle, d'ardeur, il tient à contenter Albert et à tenir sa promesse. Il fait si bien, il excite tellement le portier, que deux heures ne sont pas sonnées, lorsque tout le mobilier est placé dans le nouvel appartement

Mais aussi de grosses gouttes de sueur inondent le front du commissionnaire, qui est accablé de fatigue et qui a grand besoin de reprendre des forces.

— Monsieur Albert m'a prié de l'attendre,

l'Auvergne; je suis venu à Paris m'établir commissionnaire... et ils m'ont appelé ici Sanscravate... c'est un petit sobriquet sans conséquence... ça ne m'a pas fâché... Je me place habituellement à l'entrée de la rue du Helder... près du boulevard.

— Je me rappelle maintenant vous y avoir vu, dit M. Vermoncey, et vous avez pour camarade un jeune homme nommé Paul... Venez-vous me donner de ses nouvelles ?

Sanscravate fait la grimace au nom de Paul, et reprend :

— Non, monsieur, non... ce n'est pas de lui qu'il est question. Faut vous dire, monsieur, que j'ai laissé en Auvergne une sœur bien gentille, qui a dix-sept ans maintenant, et qu'une dame de Clermont avait prise en amitié et voulu avoir chez elle pour lui donner une éducation... comme à une demoiselle. Ma sœur est honnête, voyez-vous, monsieur !.. du moins elle l'était jusqu'au moment où le diable a envoyé de son côté un beau jeune homme de Paris qui flânait par là !.. il a vu ma Liline, il l'a trouvée jolie. Ah! dame !.. il serait difficile de ne pas la trouver bien... le plus joli minois de l'Auvergne... et puis à présent des petites manières distinguées qu'on jurerait *d'une princesse*... Enfin, monsieur, pour achever, ce jeune homme... qui est trop gentil aussi malheureusement, et qui plaît à toutes les femmes... dame ! il a séduit ma sœur...

Cette pauvre petite !.. qui a cru tout de suite à l'amour, comme on croit au beau temps quand on voit les premières hirondelles ! il lui a dit un tas de choses pour lui tourner la tête... lui a fait croire que mon père lui avait refusé sa main .. ce qui n'est pas vrai, j'en suis sûr, car mon père aime trop sa fille pour la refuser à celui qu'elle aime... Bref... il a promis, juré à ma sœur de l'épouser si elle consentait à le suivre à Paris... et ma sœur a cru tout cela, elle n'a pas supposé un moment que ce jeune homme ne voulait que la tromper... si bien qu'elle a cédé à ses prières... Elle est venue à Paris avec son .. son amant... car il faut bien dire le mot... Et ce jeune homme qui a fait tout cela .. c'est votre fils, monsieur, c'est M. Albert!

— Mon fils ! s'écrie monsieur Vermoncey, en attachant ses regards sur Sanscravate et doutant qu'il ait bien entendu ; mon fils aurait fait cela... oh ! non, vous êtes dans l'erreur... on vous aura mal instruit...

— Oh ! monsieur, ce n'est que trop vrai ! il ne peut pas y avoir d'erreur... Je connais bien M. Albert, depuis longtemps je suis son commissionnaire, et comme il me parlait toujours avec bonté... je l'aimais.., oui, je lui étais attaché.... sa gaieté, ses manières... son joyeux caractère.. ses défauts peut-être !.. tout ça m'avait séduit aussi ! Enfin, je me serais jeté au feu pour lui ! il le savait bien, et c'est toujours moi qu'il venait chercher lorsqu'il avait quelque commission biscornue à faire faire. Depuis plus de deux mois je ne l'avais pas aperçu et je présumais qu'il était en voyage, lorsque ce matin vers neuf heures et demie il est venu me trouver à ma place.

— Ce matin ?

— Oui, monsieur, oh ! ce n'est pas vieux. Sanscravate, qu'il me dit, j'ai ramené avec moi à Paris une jeune fille charmante, mais il ne faut pas que mon père le sache. Je l'ai logée très-loin, rue de Grenelle-Saint-Germain, mais je viens de savoir qu'un ami intime de mon père demeure maintenant dans cette rue-là...

— En effet... M. Delmas... après ?

— Après, qu'il a repris, comme je ne veux pas être rencontré par des connaissances quand j'irai chez ma jeune amie, je viens de lui choisir un autre appartement rue Grange-aux-Belles, près du canal... Enfin, monsieur, il me charge de déménager bien vite les meubles de la rue de Grenelle et de les transporter au nouveau logement, puis d'y attendre qu'il amène sa dame. J'accepte comme de raison ; je fais ce qu'il me dit... J'avais fini avant deux heures, j'étais allé me rafraîchir un moment, car j'étais harassé de fatigue, quand on vient me dire que la petite dame est arrivée et que le jeune homme est reparti après l'avoir amenée ; je me rends près de la dame, afin de savoir si elle est contente de la manière dont j'ai rangé ses meubles... Mais jugez de ce que j'éprouve en reconnaissant dans cette jeune fille que M. Albert a enlevée, ma sœur. . ma petite Liline... qui pleure en me voyant, qui m'embrasse en me demandant pardon, puis qui me conte comment cela s'est fait tout comme je viens de vous le dire ! en me conjurant de ne pas me fâcher, parce qu'elle est bien sûre que son amant l'épousera comme il le lui a promis.

— Mon fils a fait cela !. enlever une fille sage... la séduire... Ah ! c'est bien mal... c'est...

M. Vermoncey n'achève pas : il cache son visage dans ses mains.

— Moi, monsieur, je ne suis qu'un pauvre commissionnaire sans éducation !.. Mais j'ai de l'honneur, voyez-vous.. et j'y tiens d'autant plus que je n'ai que ça ! d'abord j'ai pleuré avec ma sœur, j'ai brisé son cœur en lui disant que son séducteur n'était peut-être qu'un volage qui ne voulait que la tromper comme mille autres ; mais elle semble si persuadée de son amour, et puis elle est si gentille ma Liline ! Pourquoi donc après tout qu'il ne l'aimerait pas sincèrement, M. Albert ? Cette pensée m'a rendu le courage, j'ai consolé ma sœur et je me suis tout de suite décidé à venir vous conter ça, parce que vous êtes le père du jeune homme et que ça ne peut pas s'arranger sans votre consentement. J'ai pensé, monsieur, que vous écouteriez la voix de pauvres gens dont votre fils peut causer le malheur... mais qu'il dépend aussi de vous de rendre bien heureux

Sanscravate se tait, mais il est content de lui. En effet, la situation de sa sœur l'avait presque rendu éloquent; car on trouve toujours des mots touchants, des paroles qui arrivent au cœur quand on dit ce qu'il nous inspire.

Cependant M. Vermoncey garde le silence. Il semble plongé dans ses réflexions. Le commissionnaire attend avec anxiété les paroles qui vont sortir de sa bouche, et qui doivent décider du sort de sa sœur; mais il n'ose pas le presser de parler, et ses yeux seuls expriment son impatience.

M. Vermoncey se lève enfin, il va à Sanscravate, pose sa main sur son épaule, et lui dit :

— Voyons, mon ami, tâchons d'excuser la faute d'un jeune homme... qui n'en a pas compris toutes les conséquences... Je suis riche, je me charge de l'avenir de votre sœur, du vôtre : mes bienfaits s'étendront sur toute votre famille... votre père jouira sur ses vieux jours de toutes les douceurs de la vie, et...

— De quoi ! de quoi !.. s'écrie Sanscravate, en se reculant et en regardant M. Vermoncey entre les deux yeux. Où voulez-vous en venir avec toutes vos paroles d'argent !.. Ce n'est pas des écus que nous vous demandons, c'est l'honneur que votre fils nous a pris et qu'il faut qu'il nous rende. En un mot, monsieur, car je n'y vais pas par trente six chemins, c'est votre consentement au mariage de M. Albert avec ma sœur que je suis venu vous demander

—Mon fils épouser votre sœur ! répond M. Vermoncey en faisant un léger mouvement d'épaules. Allons donc, mon ami ; mais vous n'y pensez pas... un tel mariage est impossible !.. Il y a dans le monde des distances... des convenances que l'on doit respecter... Enfin, mon fils ne peut point s'allier à... un commissionnaire...

—Et pourquoi donc alors qu'il a pu déshonorer ma sœur ! s'écrie Sanscravate d'une voix éclatante, et en lançant sur le père d'Albert un regard courroucé.

— Taisez-vous, mon ami, pas si haut, de grâce ! répond M. Vermoncey, tout étonné du ton que vient de prendre le commissionnaire. Mais Sanscravate ne l'écoute pas; ce n'est plus l'homme timide qui n'entrait qu'en tremblant chez le monsieur du grand monde, et qui balbutiait devant lui ; maintenant c'est un frère qui vient demander justice pour sa sœur et qui est fermement résolu à l'obtenir.

— Monsieur, dit Sanscravate, je ne suis point un fanfaron, moi, je ne viens pas vous jeter des paroles en l'air et qui n'auront aucune suite, je viens vous dire ce qui arrivera. Monsieur votre fils épousera ma sœur, entendez-vous, il l'épousera ou sinon je le tuerai... à moins que ce ne soit lui qui me tue... Mais comme je crois qu'il y a une justice là-haut, et que c'est moi qui suis l'offensé, je puis donc penser que je le tuerai.

M. Vermoncey se laisse tomber dans un fauteuil, en s'écriant :

— Tuer mon fils !.. mon Albert... le seul enfant qui me reste... qui m'attache encore à la vie... Mais voulez-vous donc aussi ma mort !..

— Alors, monsieur, consentez à son mariage avec ma sœur... et ne pensez pas que vous aurez à rougir de notre alliance... S'unir à de braves gens qui n'ont jamais fait de tort à personne, ça ne déshonore pas ça, monsieur ! Ce qui déshonore, c'est de porter le trouble, le désespoir dans une famille, c'est de séduire une jeune fille pour l'abandonner ensuite lorsqu'elle porte peut-être dans son sein un gage de sa faiblesse... et si cela était, monsieur, cet enfant-là que deviendrait-il... il n'aurait donc pas de père... il...

M. Vermoncey se lève vivement, il court à Sanscravate, et lui prend la main en lui disant :

— Vous avez raison, mon ami, et je dois me rendre... Oui, je consens à ce que mon fils épouse votre sœur.

— Il serait possible ! s'écrie Sanscravate en faisant un bond de joie, vous consentez... vous le voulez bien... Ce n'est pas moi qui me trompe !..

— Oui, mon ami, je consens... vous avez ma

parole, seulement vous quitterez votre état... je vous trouverai un emploi plus convenable.

— Oh ! tout ce que vous voudrez, monsieur, mon Dieu, je m'en irai chez nous... je garderai la basse-cour... je n'en sortirai plus si vous voulez...

— Soyez tranquille, mon ami, je ferai en sorte que nous soyons tous satisfaits. Allez chercher votre sœur, ramenez-la avec vous... je la recevrai comme ma fille, et je désire que ce mariage se fasse le plus promptement possible.

— Oh ! mais alors c'est trop de bonheur !.. de plaisir !.. Ah ! je savais bien que vous étiez un brave homme... Je vous aimerai comme mon père .. et ma pauvre sœur, ma Liline !.. sera-t-elle contente !.. Oh ! mais c'est à en devenir fou de joie !

Et Sanscravate saute dans la chambre, il renverse les meubles, il rit, il chante; M. Vermoncey est obligé de le calmer, et de lui rappeler que sa sœur l'attend.

— Oh ! oui, oui, vous avez raison, répond le commissionnaire, ma sœur qui m'attend... et moi qui ne vais pas lui dire ça . suis-je bête... et ce pauvre monsieur Albert qui est sans doute avec elle !.. Je cours leur apprendre comme vous êtes bon... et je les ramène dans vos bras... Oh ! je vais aller vite, je vous en réponds !

Sanscravate est en un moment dans la rue; puis il court sans s'arrêter jusqu'au logement où il a laissé sa sœur. Il arrive tout en nage rue Grange-aux-Belles. Il entre dans la maison, il est déjà sur l'escalier. Le portier l'appelle :

— Eh ben! camarade, où donc allez-vous si vite ?

— Parbleu!.. trouver ma sœur... c'est ma sœur la jolie petite dame qui est emménagée...

— Je ne sais pas si c'est votre sœur, mais vous ne la trouverez pas...

— Comment? elle est sortie... seule ?

— Non, avec le jeune monsieur qui l'avait amenée, et qui est revenu peu de temps après que vous étiez sorti.

— Eh bien! ils vont revenir sans doute... Savez-vous de quel côté ils sont allés?

— Non... et je ne crois pas qu'ils reviennent de longtemps. Le monsieur a fait chercher une voiture, il a fait mettre dedans le paquet d effets qu'on avait apportés ce matin. Puis il m'a donné les clés du logement, en me disant : Vous irez quelquefois y donner de l'air... et il a fait monter la petite dame en voiture, s'y est placé près d'elle, et puis bonjour... Je crois bien qu'ils quittent Paris.

— Partis!.. ils seraient partis! s'écrie Sanscravate. Mon Dieu! monsieur Albert aura cru que son père ne lui pardonnerait pas! il aura craint qu'on ne le sépare de Liline... Ah! quel malheur!.. Oh! mais ils écriront, j'espère... et ma sœur ne vous a rien dit pour moi?

— Rien... mais seulement j'ai vu qu'elle pleurait en montant en voiture.

— Elle pleurait.... pauvre sœur!... et s'ils m'avaient attendu ils auraient été si heureux.

Sanscravate est désolé ; mais ne pouvant rien savoir de plus du portier, il retourne chez M. Vermoncey auquel il apprend le brusque départ des deux amants.

Le père d'Albert est fort chagriné de cet événement, et il se hâte d'envoyez chez son fils s'informer s'il a laissé quelques mots pour lui. Le domestique lui rapporte un petit billet, qui semble avoir été écrit à la hâte par Albert, et qui contient ces mots :

« Excusez-moi, mon père, je suis forcé de » m'absenter encore, et sans vous dire adieu. » Mais ne vous inquiétez pas, je vous donnerai » souvent de mes nouvelles, et j'espère vous » revoir sous peu. »

— Et il ne dit pas où il va ! murmure Sanscravate. Quel dommage ! . on lui aurait écrit sur-le-champ qu'il pouvait revenir, que tout était pardonné.

— Peut-être dans sa première lettre me dira-t-il où il est, répond M. Vermoncey, alors je lui écrirai sur-le-champ, ou bien nous irons les chercher nous-mêmes, tous les deux.

— Ah ! oui... oui... nous irons les chercher, c'est une bonne idée cela... mais jusqu'à là... il faut prendre patience... Vous me permettrez, monsieur, de venir souvent savoir si vous avez des nouvelles de votre fils.

— Quand vous voudrez, mon ami, vous n'êtes plus un étranger pour moi. Tenez, Etienne... acceptez cette bourse, et quittez votre état, dès ce moment vous n'en avez plus besoin pour vivre.

Sanscravate repousse l'argent que monsieur Vermoncey lui présente, en lui répondant avec un accent de tristesse :

— Non, monsieur, non... pas sitôt, ma sœur n'est pas encore la femme de votre fils... jusque-là permettez-moi de rester ce que je suis.

Les instances de monsieur Vermoncey ne peuvent faire changer Sanscravate de résolution, et il s'éloigne en disant :

— Espérons qu'ils reviendront... ou que nous connaîtrons bientôt leur retraite.

Et le commissionnaire s'en retourne à sa place, tout rêveur, tout pensif, n'ayant plus envie de rire ni de danser, et se disant en lui-même :

— Est-ce parce qu'il a su qu'elle avait retrouvé son frère que monsieur Albert a bien vite remmené ma sœur ?

═

CHAPITRE IV.

L'amour et l'amitié.

Lorsque Paul était resté sans connaissance, après s'être blessé à la tête et au bras en tombant sur l'angle d'un pavé, Bastringuette était accourue, et en voyant Sanscravate s'éloigner à grands pas, elle avait deviné en partie ce qui avait mis le jeune commissionnaire dans un si triste état.

— Mon Dieu! mon Dieu! s'écrie la grande fille, ils se seront battus... ou plutôt c'est Sanscravate qui aura voulu battre ce pauvre garçon... et celui-ci n'est pas de force à lutter avec lui... et c'est encore par jalousie que Sanscravate aura fait cela... parce qu'il m'aura vu causer avec Paul... C'est moi qui suis cause de ce malheur... c'est ma fichue coquetterie... ma bêtise d'avoir eu l'idée de changer... lorsque j'étais bien... mais c'est toujours comme ça en amour : quand on est bien, ça vous ennuie, et on veut changer; quand est mal, on y reste.

Tout en se disant cela, Bastringuette prodiguait ses soins au jeune commissionnaire. Déjà tous les gens que cette scène avait amassés parlaient de faire porter le blessé à l'hospice le plus voisin ; mais en entendant prononcer le mot hospice, Bastringuette s'écrie :

— Par exemple ! le plus souvent que je vas laisser porter ce pauvre garçon dans un hospice, tandis que j'ai un domicile honnête pour le recevoir ! Il doit avoir aussi un logement, mais comme il ne peut pas parler en ce moment il ne nous l'indiquera pas. Et d'ailleurs chez moi ça me sera plus commode pour le soigner, et lui faire de la tisane, tandis que chez eux les garçons n'ont jamais un pot en état de faire bouillir de l'eau.

Et la marchande des quatre-saisons avait fait chercher un fiacre : on avait mis dedans le blessé, après avoir tant bien que mal enveloppé sa tête et son bras, et puis, Bastinguette avait donné son adresse, rue des Martyrs, près de la barrière, et, arrivée là, avec le secours du cocher et de son portier, elle avait fait porter Paul dans sa chambre et dans son lit.

On doit bien penser que la demeure de Bastringuette n'était pas élégante. Son logement se composait d'une chambre et d'un cabinet, à un cinquième étage, dans les mansardes. La grande fille appelait cela l'entresol des pierrots.

Le mobilier de la chambre était bien modeste : une couchette en bois peint, une commode en merisier, six chaises de paille, ou plutôt six chaises qui avaient besoin d'être rempaillées, une petite table, un miroir, une chaufferette et un poêle. Tel était à peu de choses près l'ameublement de cette chambre. Quant au cabinet, il y avait dedans un porte-manteau, auquel on ne suspendait jamais rien. Mais l'aspect de la chambre n'était point désagréable, et n'annonçait pas la misère, grâce à une excessive propreté qui regnait partout.

Le lit était entouré de rideaux de calicot toujours bien blancs, à la fenètre il y avait aussi deux petits rideaux également de calicot, et qui tenaient lieu d'un grand; enfin sur la commode, sur la petite table et sur la fenêtre, il y avait presque toujours des fleurs, soit en pots, soit dans des carafes bleues : les fleurs étaient le luxe de Bastringuette, et plus d'une fois elle avait déjeuné avec du pain sec, pour se donner pendant l'hiver de ces fleurs qu'alors elle ne vendait pas.

Après avoir fait placer Paul sur la couchette, Bastringuette avait été prier une de ses voisines d'aller chercher un médecin. La grande fille était fort bien avec toutes ses voisines, parce qu'elle était gaie, spirituelle, et qu'on aimait à l'entendre causer et redire, dans son langage populaire, tous les propos galants que lui adressaient les hommes qui lui achetaient des fleurs.

En apprenant que la marchande de violettes a chez elle un jeune homme blessé, toutes les voisines s'étaient mises en mouvement : l'une avait été chercher un médecin, l'autre un pharmacien, celle-ci avait elle-même préparé un remède, celle-là un baume; si bien qu'en rouvrant les yeux, Paul se vit entouré de femmes de tout âge, qui parlaient toutes à la fois, et qui toutes voulaient le guérir, et lui offraient de l'onguent, de la tisane, un emplâtre, un cataplasme, chacune avait au moins trois fioles à la main; heureusement pour le blessé que le médecin était venu mettre la paix parmi ces dames, qui se disputaient à qui donnerait son remède. Le docteur avait commencé par jeter toutes les fioles par la fenêtre, puis il avait mis ses nouveaux confrères dehors, et ayant alors examiné le blessé, avait reconnu que la blessure à la tête était grave, sans cependant être dangereuse, que le bras s'était démis en tombant, qu'il fallait surtout au malade beaucoup de soins et de repos.

Paul regardait autour de lui avec étonnement. Lorsque le médecin est parti, Bastringuette dit au jeune blessé :

— A présent, tâchez d'être calme, tranquille, laissez-vous soigner, c'est moi que cela regarde, et ne parlez pas! le médecin l'a défendu! vous êtes chez moi.... ça vous contrarie peut-être; mais, dame! je ne savais pas votre adresse, et je ne voulais pas vous laisser porter à l'hospice. Oh! soyez sans crainte... ça ne me gêne pas.... je suis ma maîtresse, je me fiche du qu'en dira-t-on! Je sais bien qu'il y a des gens toujours disposés à voir du mal dans ce qu'on fait, et qui penseront que vous êtes mon amant ! ça m'est égal... Ah ! il y a eu un moment où j'aurais bien voulu que vous le fussiez, je ne m'en cache pas... j'étais tombée amoureuse de vous ! vous m'aviez tapé la tête comme un coup de soleil !.. et c'est alors que j'ai tourné le dos à ce pauvre Sanscravate !... Ça m'a joliment réussi tout ça... Vous m'avez dit franchement que vous en aimiez une autre... et puis... ce que j'ai appris.... ce que j'ai su de vous.,. Ah ! j'ai ben compris alors que vous étiez trop au-dessus de moi... par vos actions, par votre conduite. Chut ! ne parlez pas... le médecin le défend. Ce que je dis vous contrarie... c'est fini, c'est mort ! je n'en soufflerai plus mot... d'ailleurs vous me l'avez fait jurer, quand le hasard m'a fait savoir votre secret ; mais ça n'empêche pas qu'entre nous, je peux bien vous dire que c'est superbe ce que vous faites... que vous devriez avoir le prix de vertu... le prix de ... Allons v'là que vous remuez les lèvres, je me tais. Maintenant dormez, tâchez de dormir, et à votre réveil vous aurez peut-être une surprise agréable, on ne sait pas !..

Paul murmure d'une voix faible :

— Vous êtes trop bonne... mais ici... je vous gêne... il fallait me laisser. .

— Taisez-vous bien vite !.. il fallait vous laisser porter à l'hôpital, n'est-ce pas ! Eh bien !

c'eût été joli!... quand c'est moi qui suis la première cause de tout ça... oui, ce sont mes bêtises!.. Si je n'avais pas joué de l'œil à votre intention, enfin si je n'avais pas voulu faire votre conquête, est-ce que Sanscravate vous aurait battu!.. à présent il me déteste, et il a raison; mais il a tort de vous battre, car tout cela n'est pas de votre faute. Allons, dormez... le médecin l'a ordonné.. et je vous répète que vous ne me gênez pas... j'ai un autre lit dans ce cabinet et j'y coucherai. Je vas faire les drogues ordonnées, je ne serai pas longtemps.

Bastringuette est sortie, et Paul a fermé les yeux en priant le ciel de jeter sur lui un regard de bonté, parce que son existence est encore nécessaire sur la terre.

Vers le soir, après plusieurs heures d'un sommeil agité, le jeune commissionnaire ouvre les yeux; deux têtes sont penchées vers lui qui attendaient, qui guettaient le moment de son réveil. Paul jette un cri de surprise en apercevant Elina.

— Oui, c'est mam'selle Elina, dit Bastringuette, c'est celle que vous aimez. J'ai été l'attendre à la porte de sa couturière, afin de lui conter ce qui vous est arrivé, et je me doutait bien qu'elle reviendrait avec moi!.. Voilà pourquoi je vous disais que vous auriez peut-être un réveil agréable.

Paul tend sa main à la petite couturière,

qui le regarde avec des yeux pleins d'amour et de larmes, en lui disant :

— Oh ! mon ami !.. vous êtes donc blessé !.. quel malheur !... mais je suis bien heureuse encore que Bastringuette soit venue me l'apprendre. Elle m'a dit aussi comment cela vous était arrivé... C'est un vilain homme qui était ivre, qui vous a poussé et qui vous a fait tomber... elle passait par là, elle vous a vu évanoui à terre, et vous a fait porter chez elle. C'est une bien bonne fille, car elle vous aime presque autant que moi!.. j'aurais été si inquiète, si désolée en ne vous voyant pas ! j'aurais cru encore que vous aviez cessé de m'aimer, tandis que je viendrai vous voir tous les jours... oui, monsieur, tous les jours ! le matin en allant à mon atelier, le soir avant de rentrer chez ma tante.. Qu'est-ce que c'est, monsieur... vous ne voulez pas?

Paul murmure :

— Si votre tante le savait... vous seriez grondée, et je ne veux pas vous exposer à...

— Est-il étonnant ! s'écrie Bastringuette, il veut bien qu'on l'aime, et il ne veut pas qu'on fasse rien pour lui ! Eh ! mon Dieu ! mam'selle se lèvera un peu plus matin, elle rentrera un peu plus tard, le grand malheur ! elle se fatiguera peut-être pour accourir plus vite ici; mais elle vous verra, ça vous fera du bien, et à elle aussi.

— Oh ! oui, mon ami, dit Elina, laissez-moi passer près de vous tous les moments dont je pourrai disposer, laissez-moi aider Bastringuette, je serai si contente quand je vous verrai revenir à la santé... et quand vous sortirez pour la première fois, c'est sur moi et sur elle que vous vous appuyerez... Oh ! vous verrez que je vous soignerai bien aussi... j'ai l'air d'être étourdie.. mais je ne le serai plus... je veux que vous soyez bien content de moi.

Le jeune blessé sent des larmes couler de ses yeux, en voyant tout l'intérêt qu'on lui porte, en se sentant l'objet de soins si tendres et si doux ; il ne peut pas parler, mais il regarde tour à tour ces deux jeunes filles qui sont près de son lit, et ses yeux disent sans doute tout ce qui se passe dans son âme, car Bastringuette s'écrie avec sa brusquerie ordinaire :

— Ah ! ben ! si nous allons nous attendrir, et nous mettre tous les trois à pleurer, nous ferons de belle besogne, ça lui donnera la fièvre et il ne guérira pas. Le médecin qui avait défendu les émotions... et nous n'avons que de ça !...

Elina s'assied près du lit ; elle tient dans ses mains une des mains du malade, et elle lui dit bas, bien bas :

— Est-ce que cela vous fait du mal de voir combien je vous aime ? Tant pis, je vous le dirai tous les jours... Et si ma tante venait à savoir que je viens près de vous, eh bien! je lui dirais : Ma tante, Paul sera mon mari, et on a bien le droit de veiller sur les jours de son mari.

Tandis que la petite couturière disait à son ami tout ce que son cœur lui inspirait, Bastringuette était allée chez une voisine, elle lui avait emprunté un méchant matelas qu'elle avait porté dans le cabinet; elle avait jeté quelques vieilles hardes par là-dessus, et elle s'était dit :

— Je dormirai assez bien là; d'ailleurs, il ne faut pas qu'une garde dorme beaucoup.

Elina, obligée de retourner chez sa tante, s'était éloignée à regret, en disant :

— A demain.

Puis après avoir fait boire au jeune blessé d'une potion ordonnée par le médecin, Bastringuette était allée se coucher sur son lit fait à terre dans le cabinet, après avoir dit à Paul :

— Au moindre mouvement que vous ferez, je serai près de vous.

Et le lendemain, de grand matin, Elina était déjà chez la marchande des quatre-saisons, et elle avait apporté du sucre et un petit pot de confiture, en disant à Bastringuette :

— Moi aussi, j'ai le droit de vous aider à lui être utile.. D'ailleurs, ma tante me donne tant par jour pour ma dépense, et je puis bien me gêner un peu pour mon pauvre Paul.

Bastringuette avait trouvé cela tout naturel, car de son côté elle en faisait autant.

Si la certitude d'être aimé avait pu suffire pour rendre la santé au jeune commissionnaire, Paul aurait dû guérir en peu de temps ; mais il n'en avait pas été ainsi ! Malheureusement d'autres pensées occupaient incessamment le blessé. Son esprit inquiet se chagrinait, se tourmentait de sa position, et au lieu de se cicatriser, la blessure qu'il avait reçue à la tête était devenue plus grave, parce qu'une fièvre ardente s'était déclarée.

Les deux jeunes filles redoublaient de soins, de zèle près du malade : Bastringuette passait une partie des nuits. Elina arrivait quelquefois avant le jour et restait souvent fort tard le soir, étant parvenue à faire croire à sa tante que l'on veillait chez madame Dumanchon. Chacune de ces jeunes filles se privait des choses les plus nécessaires à la vie pour que le malade ne manquât de rien, mais aucune d'elles ne se plaignait et n'eût voulu céder la place qu'elle occupait.

Un soir, après une journée où la fièvre ne l'a pas quitté, Paul regarde autour de lui, Bastringuette est seule dans la chambre. La grande fille est allée se cacher dans un coin pour que le jeune malade ne la voie pas manger le pain sec qui compose tout son repas. Paul l'appelle, et elle se hâte de courir près de lui après avoir fourré son pain dans sa poche.

— A quel jour sommes-nous du mois? demande le commissionnaire en fixant sur Bastringuette des yeux animés par la fièvre.

— Quel jour ?... C'est mardi aujourd'hui.

— Non, ce n'est pas cela... Quel quantième ?

— Ah ! c'est aujourd'hui le vingt-quatre.

— Le vingt-quatre !... Et depuis combien de tomps suis-je malade ?

—Ah ! c'était le cinq que vous avez été si bien arrangé !.. Oh ! je m'en souviens bien, un lundi.

— Le cinq... ainsi voilà dix-neuf jours que je suis ici.

— Eh bien ! quand il y en aurait cinquante! Je conçois bien que cela vous ennuie d'être malade, mais est-ce que vous ne vous trouvez pas bien soigné ici ? Est-ce que mam'selle Elina et moi nous ne faisons pas ce qu'il faut... ce que le médecin ordonne ?

— Oh ! si, ma bonne Bastringuette, si, vous faites trop, même!.. Mais le vingt-cinq demain... Mon Dieu... c'est une époque fixée... Ah ! voyez-vous, Bastringuette, c'est cette pensée qui me donne la fièvre et qui m'empêche de guérir.

— Quelle pensée ? Voyons, parlez, dites-moi ce que vous voulez que je fasse... je le ferai tout de suite.

— Oh ! oui, oui... vous le ferez, n'est-ce pas?..

— Voulez-vous que je vous le jure ?...

— Non... Ecoutez-moi... Cette vieille dame chez laquelle vous m'avez rencontré Vieille rue du Temple...

— Madame Desroches ?

— Oui, il faut absolument lui porter de l'argent...

— De l'argent .. Mon Dieu... c'est que...

— Oh ! je sais bien que vous n'en avez pas, pauvre fille ! Je sais bien que vous et Elina, vous vous privez de tout pour me soigner...

— Mais non... par exemple !.. D'ailleurs l'apothicaire me donne ses drogues pour rien.

— Ecoutez-moi. Vous irez demain de grand matin chez moi... la clé de ma chambre est dans la poche de ma veste. C'est rue du faubourg Saint-Honoré, numéro dix. Vous monterez au cinquième, la porte à gauche. Arrivée dans ma chambre, vous trouverez dans le tiroir d'une petite table soixante francs...

— Ah ! quel bonheur !

— Attendez donc ! vous prendrez cet argent vous prendrez de plus une redingote, un pantalon noir, un gilet de drap noir, que vous trouverez dans le bas d'une petite armoire. Tous ces vêtements sont bons... presque neufs encore, je les mets si rarement ! Cependant, si vous pensez que ce n'est pas assez, vous prendrez aussi tout le linge que vous trouverez, quatre chemises de toile... des draps...

— Mon Dieu ! pourquoi donc faire tout cela ?

— Pour porter au mont-de-piété, pour avoir quarante francs, que vous joindrez aux soixante, car demain... oui, demain, vingt-cinq,

Il faut porter cent francs à madame Desroches.. Il le faut, entendez-vous?

— Bon jeune homme! comment, vous allez encore vous priver de tout pour ..

— Taisez-vous, Bastringuette, il faut porter demain matin cette somme à la veuve de... mon bienfaiteur... Sans cela, je sens que je ne guérirai pas!..

— Oh! j'irai alors... Soyez tranquille!... Je ferai tout ce que vous m'avez dit... Elle l'aura demain matin... Mais si votre portier ne me laisse pas emporter les paquets?

— Il n'y a pas de portier.

— En ce cas, ce sera bien vite bâclé.

— C'est bien, Bastringuette... Je vous remercie... Et vous ne direz rien de tout cela à Elina.

— Oh! mon Dieu, non, puisque vous ne voulez pas qu'on sache vos belles actions!

— Je ne fais que mon devoir... Ah! pourvu que le ciel me permette de finir ce que j'ai entrepris... Encore quelques mois et j'étais si heureux de... Enfin, vous irez demain, n'est-ce pas, Bastringuette?.. Ah! écoutez encore : madame Desroches vous demandera sans doute pourquoi je ne suis pas allé la voir depuis longtemps... pourquoi je vous ai chargée de lui remettre cet argent, vous lui direz que je vous ai donné cette commission parce que j'ai été obligé de partir, de faire un petit voyage pour la maison de commerce qui m'emploie... N'oubliez pas cela.

— Non... non, je n'oublierai rien.

Paul s'endort plus tranquille en pensant que la personne dont il est le protecteur n'aura pas à souffrir du malheur qui lui est arrivé. Cette nuit-là un sommeil plus calme rafraîchit ses sens, et à son réveil, il aperçoit la jolie petite tête d'Elina penchée vers lui, et plus loin Bastringuette, dont les yeux semblent vouloir lui parler.

— Ah ! quel bonheur ! s'écrie Elina, vous avez dormi bien plus tard aujourd'hui !... Il est près de onze heures... Heureusement on m'avait donné une robe à porter, et j'ai pu revenir.

— Et je me sens bien mieux, dit Paul.

Bastringuette saisit un moment où elle présente au jeune malade une tasse de tisane, pour lui dire à l'oreille :

— Votre commission est faite. Les cent francs sont portés.

Paul ne peut pas répondre, mais son regard exprime la satisfaction.

A dater de ce jour la fièvre diminue, et bientôt le jeune commissionnaire entre dans sa convalescence.

—

CHAPITRE V.

Ce qui devait arriver.

Albert n'avait reparu à Paris que pendant quelques jours; à peine avait-il eu le temps de voir ses amis qu'il était de nouveau disparu, sans que l'on sût le motif de ce brusque départ.

Quand le joyeux Mouillot rencontrait Balivan, ou Dupétrain, ou Célestin, il était rare que l'on ne se demandât pas des nouvelles du jeune Vermoncey.

— Quelle vie mène-t-il donc maintenant? disait Mouillot, il va voyager, il est près de trois mois absent de Paris; il revient, on l'aperçoit deux ou trois jours, puis il repart brusquement, et cela à l'entrée de l'hiver, au moment où tous les plaisirs sont concentrés, rassemblés dans la capitale.

M. Célestin, qui n'avait pas dit qu'il fût précisément brouillé avec Albert, se contentait de répondre :

— Comme je ne comprenais plus rien depuis quelque temps à l'humeur d'Albert, je le voyais beaucoup moins... c'est un braque!... de ces gens qui se fâchent sans qu'on sache pourquoi... et je m'inquiète fort peu de ce qu'il fait et de ce qu'il devient!

— Moi, disait Balivan, j'aime beaucoup ce jeune homme ! il est étourdi, léger... mais je suis sûr qu'il est franc, qu'il est obligeant... il a de l'esprit... s'il le veut nous ferons ensemble le voyage d'Italie

— Si monsieur Albert avait voulu, reprenait à son tour monsieur Dupétrain, il aurait fait un sujet excellent pour le magnétisme... il avait tout ce qu'il fallait dans les yeux pour se mettre en rapport avec une somnambule.

— Et la belle dame à qui vous faisiez la cour dernièrement, disait M. Célestin d'un air railleur... l'avez-vous magnétisée ?

— Madame Baldimer... non, j'ai essayé... je n'ai pas pu réussir... c'est une femme qui n'est pas nerveuse du tout !

Ensuite ces messieurs se demandaient aussi des nouvelles de Tobie Pigeonnier, qui continuait à être introuvable, et Mouillot s'écriait :

— Décidément je ne donnerais pas cinq sous du noyau d'olive que ce pauvre M. Varinet a la constance de porter toujours dans sa bourse.

Madame Plays ne s'inquiétait pas d'Albert, mais elle voulait à toute force être vengée du petit Tobie, qui l'avait si bien trompée avec son soi-disant duel, et qui avait été cause que pendant deux mois elle avait senti le tabac. Aussi, chaque matin faisait-elle venir une voiture; elle y montait dedans avec son mari, et le conduisait à un tir, puis à une salle d'armes, et là, l'époux obéissant était obligé de s'exercer pendant une heure au pistolet, puis à l'épée, et sa femme le grondait sans cesse parce qu'il ne parvenait jamais à abattre une poupée, et qu'il ne savait pas parer une botte.

Le pauvre monsieur Plays revenait chez lui accablé de fatigue, et disait à sa femme :

— Ma chère amie, je t'assure que j'aime mieux apprendre le whist, j'y mords plus qu'à l'escrime.

— Que vous y mordiez ou non, répondait la belle Herminie, vous vous battrez avec ce petit Tobie, qui d'ailleurs ne doit pas être bien redoutable. Songez, monsieur, que vous devez le provoquer partout où vous le rencontrerez !

Monsieur Plays s'inclinait d'un air soumis ; et lorsqu'il était dans la rue ou à la promenade, s'il apercevait un homme qui eût la tournure de Tobie, il se sauvait bien vite d'un autre côté.

Cependant deux mois s'étaient écoulés depuis que Sanscravate avait retrouvé sa sœur pour la perdre presque aussitôt. Pendant ce temps, le commissionnaire s'était rendu souvent chez monsieur de Vermoncey, pour savoir s'il avait des nouvelles de son fils et s'il connaissait enfin le lieu où il avait conduit sa sœur. Mais pendant cet espace de temps, Albert n'avait écrit que deux fois à son père. Ses lettres, qui étaient fort brèves, ne parlaient en rien de la jeune fille qu'il avait enlevée. L'une était datée de l'Alsace, l'autre de la Suisse; il annonçait toujours qu'il voyageait et ne donnait pas son adresse.

Plus le temps s'écoulait, et plus Sanscravate sentait s'évanouir les espérances qu'il avait conçues; souvent après avoir questionné monsieur Vermoncey, il secouait tristement la tête, en murmurant :

— Ça va mal !.. tenez, monsieur, j'ai bien peur que monsieur Albert n'ait pas l'intention de se bien conduire... tenir ma sœur éloignée de moi... l'empêcher de m'écrire... car s'il ne le lui défendait pas, je suis bien sûr qu'elle m'aurait déjà appris où elle est ! Ne faire aucune démarche près de vous pour obtenir le pardon de sa faute... hum !.. je ne suis qu'un pauvre diable sans éducation, mais il me semble que tout cela n'annonce pas l'intention de remplir ses promesses.

Monsieur Vermoncey s'efforçait de rassurer Sanscravate, en lui disant :

— Vous pouvez toujours compter sur ma parole !

Et le commissionnaire s'en retournait à sa place, en faisant cette réflexion :

— Oui, le père est un honnête homme !.. il ne reviendra pas sur ce qu'il a dit; mais à quoi me sert d'avoir la parole du père, si le fils ne veut plus tenir la sienne!

Mais depuis qu'il avait revu sa sœur, depuis qu'il espérait la voir entrer dans la famille de monsieur Vermoncey, Sanscravate avait totalement changé de conduite : il ne se grisait plus, ne fréquentait plus les cabarets; il n'était ni querelleur, ni bambocheur comme auparavant; enfin il n'allait plus avec Jean Ficelle, et toutes les instances de celui-ci ne parvenaient pas à le faire quitter sa place ou son travail.

Une seule fois il avait rencontré Paul, qui, alors convalescent, marchait avec peine en se soutenant sur le bras de Bastringuette; car c'était dans le milieu de la journée, et la petite Elina ne pouvait pas être près de son amant.

Sanscravate s'était senti frémir, trembler en apercevant la figure pâle et amaigrie du jeune commissionnaire. Si Paul eût été seul, peut-être Sanscravate aurait-il été se jeter dans ses bras en lui demandant pardon du mal qu'il lui avait fait; mais la présence de Bastringuette avait rallumé dans le fond de son cœur tous les tourments de la jalousie, et il s'était éloigné vivement, en maudissant de nouveau son ancien ami et son ancienne maîtresse.

Mais, soit qu'il fût encore trop faible pour travailler, soit qu'il n'eût plus voulu se trouver vis-à-vis de celui qui avait failli le tuer, Paul n'était point revenu se mettre à sa place.

Le froid était piquant, la neige tombait à gros flocons, et ceux qui passaient sur les boulevards ou dans les rues, pressaient le pas et ne s'arrêtaient guère. Sanscravate était à sa place, assis sur ses crochets ; sa tête était couverte d'un chapeau de laine à larges bords qui le garantissait de la neige, malgré la rigueur de la saison, son col était nu comme pendant la plus belle journée d'été.

— Dis donc, bien nommé ! s'écrie Jean Ficelle en s'approchant de son camarade et en soufflant dans ses doigts; est-ce que tu restes là à recevoir la neige sur le nez, toi.. il ne fait pas un temps à ce que les pratiques se dérangent pour venir nous chercher... Allons nous mettre à l'abri dans un bouchon.

— Non, je ne vais plus au cabaret ! répond sèchement Sanscravate.

— Ah ! c'est donc tout à fait fini... t'es plus un homme !.. tu ne sais plus rire, ni jouer, ni boire !.. Alors, bonsoir, t'es perdu pour la société.

Jean Ficelle s'est éloigné ; il n'y a pas trois minutes que Sanscravate est seul au coin de la rue, lorsque malgré le mauvais temps, une jeune femme en petit bonnet, en tablier de soie et tenant avec peine un parapluie pour se garantir de la neige, s'approche du commissionnaire, et lui dit :

— C'est vous qui êtes M. Sanscravate?

— Oui, mam'selle.

— Ma maîtresse voudrait vous parler sur-le-champ.

— Votre maîtresse !.. Ah ! je crois vous re-

connaître ; n'êtes-vous pas chez une dame qu
demeure rue Neuve-Vivienne ?..

— Justement... chez madame Baldimer.

— C'est cela...

— Venez-vous ?

— Tout de suite, mam'selle ..

Sanscravate suit la femme de chambre, é tout en marchant, il se rappelle qu'il a été souvent chez cette dame porter des lettres d'Albert ; il présume qu'elle a pu être la maîtresse du séducteur de sa sœur, et il se demande ce qu'elle peut avoir à lui dire. Toutes ces pensées l'agitent, l'inquiètent, et il ressent comme une espèce de terreur en arrivant dans cette maison qu'il reconnaît parfaitement.

Mademoiselle Rosa fait entrer le commissionnaire dans l'appartement, au lieu de le laisser comme c'est l'usage attendre dans l'antichambre, elle l'introduit dans un petit salon, lui montre des siéges et lui dit :

— Asseyez-vous et attendez, madame va venir.

La femme de chambre est partie. Sanscravate regarde avec surprise autour de lui, il éprouve une vive curiosité de savoir ce que peut avoir à lui dire cette dame qui le fait attendre dans un salon ; mais bientôt une porte s'ouvre et madame Baldimer paraît.

Elle est toujours belle, toujours parée, mais en ce moment son visage est plus pâle que de coutume, une pensée sombre semble l'occuper. Après avoir regardé si toutes les portes sont fermées, elle s'avance vers Sanscravate, et, lui faisant signe de rester assis, prend un siége et se place en face de lui.

Le commissionnaire est tout interdit, il ose à peine lever les yeux sur la belle dame et attend qu'elle s'explique. Celle-ci ne tarde pas à rompre le silence :

— Vous êtes Sanscravate ?..

— Oui, madame.

— Mais ce nom n'est qu'un sobriquet que vous ont donné vos camarades ; vous vous nommez Etienne Renaud, vous êtes de l'Auvergne ?

— Oui, madame.

— Vous avez une sœur, dont une dame de Clermont prenait soin, et cette sœur, qui a dix-sept ans, qui est fort jolie, un jeune homme de Paris en est devenu amoureux... l'a séduite... enlevée...

— Quoi, madame... vous savez...

— Je sais tout... je connais toute la conduite d'Albert.. Restez assis... écoutez-moi. Depuis longtemps, pour des motifs... que vous ne pouvez comprendre, je faisais épier toutes les démarches d'Albert. J'ai su son arrivée à Paris il y a un peu plus de deux mois... le séjour de votre sœur rue de Grenelle-Saint-Honoré, puis son changement d'appartement... enfin votre entrevue dans la rue Grange-aux-Belles.....

— Mais qui donc a pu vous dire... à moins que ce ne soit ma sœur... ou M. Albert...

— Ni l'un ni l'autre ! mais, mon Dieu ! vous êtes commissionnaire et vous ne savez pas qu'avec de l'or on est instruit de la moindre démarche de la personne que l'on veut surveiller. Écoutez-moi, maintenant. Vous vous flattiez qu'Albert tiendrait la promesse qu'il a faite à votre sœur, qu'il réparerait ses torts en l'épousant... Il n'en sera rien. Albert est comme la plupart des jeunes gens, inconstant, infidèle... La possession éteint bien vite son amour. Il était fort épris de votre sœur lorsqu'il l'a enlevée, maintenant il se révolterait à l'idée de lui rester fidèle ; quant à l'épouser, il n'en eut jamais la pensée, et depuis qu'il sait qu'Adeline est la sœur d'un commissionnaire, il ne comprend pas que l'on puisse avoir l'idée de cette union.

— Le lâche !.. le gredin !..

— Enfin, après avoir voyagé avec votre sœur pendant deux mois, regrettant chaque jour sa liberté, les plaisirs de Paris et maudissant sa folie, savez-vous ce qu'il vient de faire ?..

— Achevez, madame... achevez...

— Il a loué à la pauvre fille une petite maisonnette à Lagny, puis après lui avoir donné de l'argent et promis de revenir, il l'a laissée là, avec l'intention bien formelle de ne plus la revoir.

— Ah ! mon Dieu !.. ah ! le misérable... ah ! si c'était vrai !..

— Tout cela est si vrai, qu'il ne tiendra qu'à vous d'être bientôt près de votre sœur. Tenez, voilà sur ce papier son adresse à Lagny, si vous avez besoin d'argent acceptez cette bourse... Acceptez, ce n'est point une aumône que je vous fais, c'est votre vengeance que je sers, parce que votre vengeance est aussi la mienne... parce que si vous avez votre injure à laver... moi, j'ai un crime... j'ai une infamie à punir, et que j'ai fait serment d'arriver à mon but.

— J'arriverai aussi au mien, répond Sanscravate en repoussant la bourse, mais je n'ai pas besoin d'argent pour cela, madame.

— Du moins, vous ne refuserez pas ces pistolets, je pense qu'ils pourront vous êtes nécessaires.

En disant ces mots, madame Baldimer sort de dedans sa ceinture une paire de superbes pistolets qu'elle présente au commissionnaire, en fixant sur lui des yeux dans lesquels brille déjà l'espoir de la vengeance.

Sanscravate se jette sur les armes, en s'écriant :

— Ah ! oui, madame... oui, c'est cela qu'il me faut d'abord... mais où est-il, lui, où se cache-t-il... vous devez aussi le savoir ? Oh ! c'est qu'il ne faut pas qu'il m'échappe.

—Soyez tranquille! et fiez-vous à moi pour vous

le faire rencontrer. En ce moment, il parcourt les environs de Paris, mais d'un instant à l'autre il va revenir ici, car il s'ennuie beaucoup d'en être éloigné. Attendez qu'il soit à Paris, je vous ferai savoir son arrivée; mais en ce moment rendez-vous d'abord près de votre sœur. Songez qu'elle est seule, abandonnée, qu'elle n'ose plus même réclamer votre appui...

— Ah ! vous avez raison, madame, oui... ma pauvre Liline... je vais sur-le-champ aller la chercher, et je la ramènerai avec moi... Oh ! cette fois elle ne me quittera plus...

— J'avais prévu votre réponse .. tenez, prenez ce papier... à cette adresse vous trouverez un homme avec une petite voiture... Je l'ai retenue pour vous, il vous conduira sur-le-champ à Lagny et vous ramènera avec votre sœur.

— Oh ! merci, madame... merci mille fois... je cours .. ma petite Liline... elle qui croyait si bien à ses promesses... Oh ! mais, madame, dès qu'il sera à Paris vous me le ferez savoir au moins...

-- Vous ne devez pas en douter.

— Moi, madame, si je n'étais pas à ma place, je demeure rue Saint-Lazare, au coin de celle Saint-Georges.

— Je sais où vous demeurez. Je vous le répète, dès qu'Albert sera à Paris je vous le ferai savoir.

— J'y compte, madame; maintenant je cours

chercher ma sœur... puis après je saurai la venger.

Sanscravate a mis les pistolets dans sa poche, madame Baldimer lui a remis l'adresse, il part, court à l'endroit où il trouve en effet une voiture qui l'attend, il se jette dedans et crie au cocher :

— A Lagny... vous devez être prévenu... retenu... averti... Allez grand train, crevez vos chevaux... je vais chercher ma pauvre sœur... et puis après ça je tuerai le gredin qui l'a séduite, s'il ne consent pas à l'épouser.

Tout cela semble assez indifférent au cocher ; mais il est bien payé, il part, il va vite, il ne s'arrête presque pas en route, et Sanscravate arrive à Lagny en peu de temps.

Il regarde l'adresse qu'on lui a donnée, s'informe à une villageoise qui lui indique le chemin qu'il doit prendre pour aller à la maisonnette des peupliers, c'est ainsi que se nomme l'habitation qu'il demande, et le commissionnaire montre à son cocher une auberge, en lui disant :

— Allez là vous reposer, et faire manger vos chevaux, mais tâchez qu'ils mangent vite, et reposez-vous de même, parce que je reviendrai bientôt avec ma sœur, et vous nous ramènerez à Paris au galop !

Sanscravate se dirige du côté qu'on lui a indiqué, il aperçoit au bout d'un chemin une maisonnette assez gentille, entourée de hauts peupiliers dont la cime se balance au-dessus de l'habitation. Cette retraite a l'aspect d'une maison bourgeoise, les volets sont peints en vert; une jolie grille sert d'entrée, et des fleurs se montrent en profusion de tous côtés.

— Il a voulu lui donner une jolie cage, le séducteur ! se dit Sanscravate en approchant de la maison, dans l'espoir qu'elle se plairait là et le laisserait tranquille... Oh ! mais il a donc oublié qu'elle avait un frère, et que ce frère était Sanscravate !

Le commissionnaire va sonner à la grille, une paysanne vient ouvrir.

— Où est ma sœur... conduisez-moi à ma sœur ! s'écrie Sanscravate, en poussant brusquement la paysanne devant lui. Celle-ci le regarde avec des yeux effarés, elle croit avoir affaire à un voleur, elle va crier, appeler... Mais déjà Adeline a paru sur le seuil de la maison, car toutes les fois que l'on sonne à la grille elle se flatte que c'est Albert qui revient; elle accourt en apercevant un homme, puis elle tombe dans ses bras, en murmurant d'une voix étouffée par la joie et les larmes :

— C'est mon frère... ah ! il ne m'abandonnera pas, lui !

Sanscravate considère sa sœur, dont les traits pâles, amaigris, ont subi en deux mois un changement si considérable qu'il aurait hésité avant de la reconnaître.

Adeline fait entrer son frère dans une pièce au rez-de-chaussée, et là, le regardant de nouveau avec des yeux pleins de larmes, elle lui dit :

— Tu dois m'en vouloir sans doute... la dernière fois que je t'ai vu, tu m'avais fait promettre de t'attendre, et malgré cela je suis partie... Mais il est revenu.... et quand il sut que je t'avais retrouvé... que tu étais allé supplier son père de nous pardonner, il s'est écrié que cela n'avait pas le sens commun ; que son père allait être furieux, qu'il nous séparerait ou l'empêcherait de me voir, et que nous n'avions pas d'autre parti à prendre que de fuir bien vite de Paris ; je l'ai cru.... il me pressait tant... et je suis partie avec lui... et nous avons voyagé longtemps, je le priais toujours de t'écrire pour savoir si tu avais réussi près de son père, et il me répondait qu'il fallait attendre. Enfin, il y a huit jours, il m'a conduite dans ce pays, dans cette maison, m'a dit que je n'y manquerais de rien, m'a laissé beaucoup d'argent et puis m'a quittée, en me disant qu'il reviendrait bientôt... aussi je l'attends sans cesse... et quand tu as sonné, j'ai cru que c'était lui !

— Pauvre sœur ! répond Sanscravate en regardant la jeune fille qui tâche que le sourire fasse disparaître la trace de ses larmes, tu l'attends en vain... il ne reviendra pas, le lâche...

il t'a abandonnée.. parce qu'il a cessé de t'aimer, parce qu'il ne veut pas réparer son crime...

— Oh ! mon Dieu ! serait-il possible... Albert ne m'aime plus... il est donc vrai !

— Oh ! tu l'avais deviné, j'en suis sûr ; ta pâleur... le changement effrayant qui s'est opéré dans tes traits depuis notre dernière rencontre... tes yeux fatigués par les pleurs... Oh ! depuis longtemps, tu es malheureuse... tu as du chagrin... c'est ben facile à voir.

— Eh bien ! oui, mon frère; depuis quelque temps, en effet, je trouvais qu'Albert n'était plus avec moi aussi tendre... aussi aimable... enfin, il ne semblait plus heureux. . mais je pensais qu'il redoutait la colère de son père...

— Son père !.. mais il a consenti à votre union...

— Il se pourrait .. quel bonheur !

— Non, non, ma pauvre Liline, ne te réjouis pas ! car c'est ton séducteur lui-même qui refuse de réparer sa faute, de te nommer sa femme.

— Il refuse... Albert... oh ! non, mon ami, ce n'est pas possible... et d'ailleurs, quand il saura . je n'avais pas encore osé lui dire cela... j'espérais lui causer à son retour une grande joie... une douce surprise... Ah ! mon frère, quand il saura que je suis mère, est-ce qu'il voudra refuser un nom à son enfant !

En disant cela, Adeline cache sa tête sur l'épaule de son frère, et celui-ci la tient quelques instants dans ses bras, en murmurant :

— Mère !.. tu es mère ! . ah ! oui, il faudrait qu'il eût le cœur ben dur pour t'abandonner encore... Et cependant !... les jeunes gens, à présent, ça se moque autant de laisser une pauvre fille dans l'embarras que de changer d'habit. C'est égal, je le verrai, moi, ce monsieur, je lui parlerai, et sacrébleu, s'il a encore quelques sentiments, j'irai les chercher au fond de son cœur... mais en attendant, tu vas me suivre, tu vas partir à l'instant avec moi.

— Partir d'ici... mais si Albert revenait pendant ce temps-là ?

— Sois donc tranquille ! c'est à Paris qu'il va se rendre, c'est à Paris que je te mène. Maintenant songe qu'il faut te fier à moi, m'obéir, me croire. Tu sais bien que je ne veux pas te tromper, moi ; tu sais bien que c'est ton bonheur, l'honneur de not' famille que je veux avant tout...

— Oh ! oui, mon frère !

— En ce cas, fais donc ce que je te dis, prends vite les effets qui t'appartiennent, fais-en un paquet... Mais laisse tout l'argent, tous les bijoux qu'il t'a donnés, cet homme, car s'il croit avec cela payer ton déshonneur, nous lui prouverons qu'il s'est trompé. S'il t'abandonne tu resteras avec moi ; j'ai de bons bras et je ne suis plus un ivrogne, un riboteur comme autrefois ! Oh ! non, vois-tu... j'ai eu des chagrins aussi, moi... et le chagrin, c'est comme du plomb, ça vous alourdit la tête !... je te conterai cela un jour... en attendant je travaillerai pour te nourrir.... pour nourrir ton enfant... et du moins, ce que je te donnerai, tu n'en rougiras pas. Allons, fais ce que je t'ai dit et dépêche-toi. . une voiture nous attend.

Adeline ne réplique plus, elle se hâte d'obéir aux volontés de son frère ; elle a bientôt rassemblé ses effets, elle en fait un paquet, Sanscravate le prend sous son bras, il soutient sa sœur de l'autre, puis il dit à la paysanne qui les regarde d'un air stupéfait :

— Si le monsieur revient ici et demande la jeune dame qu'il y avait amenée, vous lui direz qu'elle est partie avec son frère... entendez-vous ? avec son frère. Quant à son argent... à ses bijoux, il les trouvera là-haut... Car tu n'as rien emporté de tout ça, n'est-ce pas, Liline?

— Non, mon frère, répond la jeune fille en portant la main sur son sein, excepté ce petit souvenir... dans lequel il y a des cheveux...

En disant cela, Adeline montrait un petit médaillon en verre, entouré d'or et dans lequel on apercevait une mèche de cheveux. Mais Sanscravate avance la main pour s'en emparer, en s'écriant :

— Non, non...., ne garde rien de lui ! Eh ! qu'as-tu besoin de ce souvenir?

— Ah ! mon frère ! je t'en prie, laisse-le-moi !

balbutie la jeune fille en tombant à genoux, car s'il me repousse, ce sera la seule chose que j'aurai à donner à mon enfant... il n'aura que cela de son père!

Sanscravate relève sa sœur, se retourne pour ne pas lui laisser voir qu'il pleure, essuie ses larmes avec la manche de sa veste, puis entraîne Adeline, en murmurant :

— Allons, soit, mais partons.

Ils ont bientôt atteint l'endroit où la voiture les attend. Sanscravate y fait monter sa sœur, se place près d'elle, et dit au cocher :

— A Paris, maintenant... rue Saint-Lazare, au coin de celle Saint-Georges.... une maison superbe, entre une fruitière et un épicier. Si tu vas rondement, je t'y payerai une fameuse goutte.

La voiture part. La nuit est venue et le voyage se fait assez tristement, car le frère et la sœur, qui ont tous les deux les mêmes craintes, les mêmes peines, ne veulent pas se les communiquer, de peur de les augmenter réciproquement.

On est arrivé. Sanscravate acquitte sa promesse avec le cocher; il veut aussi lui donner de l'argent, mais le cocher refuse, il est payé; il s'éloigne avec sa voiture, et le commissionnaire prenant sa sœur par la main, lui dit :

— Suis-moi, nous allons grimper à mon local... Ah! dame! attends-toi à ce qu'il n'est pas beau, et tu seras moins surprise.

Le logement de Sanscravate pourrait faire le pendant de celui de Bastringuette ; situé sous les toits, il se composait également d'une pièce et d'un cabinet, il y avait autant de meubles, pas un de plus ; mais il y avait cependant une grande différence entre eux, et leur aspect n'était pas le même ; autant la chambre de la marchande des quatre-saisons était propre et bien rangée, autant celle de Sanscravate était sale et en désordre.

Après s'être procuré de la lumière, le commissionnaire dit à sa sœur, qui regarde tristement autour d'elle :

— Ah ! dame ! c'est vilain ici... n'est-ce pas !.. Ce ne sont plus de jolis meubles comme ceux dans lesquels ton séducteur t'avais mise... Mais... c'est chez ton frère que tu es... et tu pourras donner ton adresse sans rougir.

— Mon Dieu, mon ami, répond la jeune fille en pressant la main du commissionnaire, tu te trompes, si tu crois que je regrette l'aisance qui m'environnait.... Que m'importe à moi qu'un meuble soit de noyer ou d'acajou, je n'ai jamais tenu à cela ! Ah ! le plus bel appartement est celui dans lequel on apporte un cœur joyeux !

— Tu as raison, Liline... quand le cœur est satisfait, tout le reste paraît beau ! Mais quoique ça, autrefois, c'était moins vilain ici, parce que c'était ben propre, ben rangé, ben essuyé partout ; il y avait une personne qui se chargeait de soigner ma chambre ; mais.... cette personne-là ne vient plus, et depuis ce temps je n'ai pas eu le cœur de m'en occuper... aussi, c'est étonnant comme c'est reluisant !..

— Eh bien ! je remplacerai cette personne, mon ami, et tu verras que je sais aussi avoir soin d'un ménage.

Sanscravate embrasse sa sœur et l'installe chez lui ; il lui donne son lit, se réservant le cabinet dans lequel il fera jeter quelques bottes de paille ; il n'est pas difficile, lui, et pourvu que sa sœur puisse dormir paisiblement, il se trouvera toujours bien.

Après une nuit qui leur a semblé bien longue à tous les deux, parce que la peine, l'inquiétude ont éloigné le sommeil de leur paupière, Sanscravate quitte doucement son cabinet, il écoute : sa sœur vient de s'assoupir ; il marche avec précaution pour ne point l'éveiller, il place sur la table qui est contre le lit tout l'argent qu'il possède, en se disant :

— En v'là pour queuque temps ! nous ne ferons pas de grandes dépenses, nous autres... Dieu merci, depuis que je ne vais plus au cabaret avec Jean Ficelle, j'ai déjà mis queuques écus de côté... aujourd'hui, je suis fièrement content de pouvoir les offrir. Ah ! je commence à croire que les bambocheurs ne sont pas ceux qui s'amusent le plus, et que les jouissances que procure le travail sont plus solides et plus vraies !

Sanscravate s'est rendu à sa place; là, il s'assied, il attend, il se dit :

— Elle m'a promis de me faire savoir dès qu'il serait ici, et je suis bien sûr qu'elle tiendra parole, car cette femme-là me fait l'effet d'une luronne qui a médité longtemps ce qu'elle voulait faire et qui ne chancellera pas sur la route.

La journée s'écoule, sans apporter aucun changement dans la situation du commissionnaire et de sa sœur. Après avoir scié du bois et fait plusieurs courses, Sanscravate revient près de sa sœur, à laquelle il donne l'argent qu'il a gagné, en lui disant :

— Tiens, voilà comme je ferai tous les jours, et toi, avec ça, tu nous prépareras la pâtée.

— Et Albert ? demande tristement la jeune fille.

— Pas de nouvelles... Patience... attendons.

— Mais son père, pourquoi n'as-tu pas été le voir ?

— Ce n'est plus au père que j'ai affaire, c'est au fils; ce n'est pas le père qui t'épousera ! Il consent... c'est tout ce qu'on peut lui demander, mais il ne peut pas forcer le jeune homme...

— Le forcer !.. Oh ! je ne veux pas qu'on le force, s'il ne m'aime plus... il serait malheureux en m'épousant !

— Sois tranquille, ne te mêle plus de ça !.. C'est moi que ça regarde.

Liline se tait et pleure. Sanscravate la laisse pleurer, parce qu'il sent par lui-même qu'il y a des peines auxquelles il n'y a point de consolations.

Le lendemain, Sanscravate était assis à sa place depuis une heure seulement, lorsqu'il voit venir à lui la femme de chambre de madame Baldimer. Son cœur bondit sous son gilet, parce qu'il pressent qu'il va apprendre quelque chose.

Rosa s'approche du commissionnaire et lui remet un papier plié, en lui disant :

— Ma maîtresse m'a dit de vous donner cela.

— Merci, mam'selle, répond Sanscravate en prenant le papier d'une main tremblante.

La femme de chambre s'éloigne; le commissionnaire ouvre le papier et lit ces mots :

« Il est arrivé d'hier au soir ; il est chez lui. »

— Enfin ! se dit Sanscravate en froissant le papier dans ses doigts ; puis il se lève vivement, range ses crochets et se rend à grands pas à la demeure d'Albert.

En route une vive émotion agitait le commissionnaire, qui faisait cependant ses efforts pour la maîtriser. Mais il sentait que tout l'avenir de sa sœur allait se décider, et c'était pour elle qu'il tremblait.

Arrivé devant la porte cochère, il s'arrête en se demandant s'il ne devrait pas aller voir M. Vermoncey. Mais il réfléchit que si le père d'Albert est prévenu de sa démarche, il fera surveiller son fils, qu'il empêchera celui-ci de lui rendre raison, et le résultat de ces réflexions est que maintenant c'est à Albert seul qu'il doit avoir affaire.

Sanscravate a monté rapidement au logement du jeune Vermoncey. Il sonne, un domestique nouveau vient lui ouvrir.

— Je veux parler à monsieur Albert, dit Sanscravate.

— Monsieur Albert n'y est pas, répond le valet d'un ton presque insolent.

— Il faut qu'il y soit pour moi.

— Mais mon maître est revenu hier de voyage... Il est fatigué et ne reçoit personne.

— Il me recevra pourtant, car il faut que je lui parle... Allez lui dire que c'est Sanscravate qui est là... et que je ne bouge pas d'ici sans l'avoir vu... Il doit bien savoir, d'ailleurs, qu'une entrevue est indispensable entre nous deux, il vaut mieux que ce soit tout de suite... Allez, mon petit... Je sais qu'il y a deux sorties à l'appartement, mais j'ai l'œil sur la cour, et si votre maître essayait de filer, je sauterais par la fenêtre et je lui tomberais sur les épaules... ça le gênerait pour courir.

Le domestique regarde le commissionnaire avec étonnement, mais il va prévenir son maître. Il ne tarde pas à revenir; il fait signe à Sanscravate de le suivre, et l'introduit dans la chambre à coucher d'Albert.

Le jeune Vermoncey venait de se lever, il était en robe de chambre et assis nonchalamment dans un grand fauteuil. Sa figure est un peu pâle lorsque le commissionnaire entre chez lui ; cependant il semble fort calme, et dit à Sanscravate d'un air dégagé et presque en souriant :

— C'est toi, Sanscravate. Oh ! je m'attendais à ta visite. Allons, viens te mettre là, et causons.

Le commissionnaire, tout surpris de cet accueil qui lui fait concevoir les plus douces espérances, s'assied sur le bord de la chaise que lui montre le jeune homme, et balbutie :

— Oui... oui, monsieur Albert, c'est moi... Oh ! certainement vous deviez penser que je viendrais... car, enfin, il faut ben que ça s'arrange, tout cela !.. Et dame ! j'aime tant ma sœur, ma pauvre Liline... Mais, vous aussi, j'espère que vous l'aimez toujours...

Albert se renverse dans son fauteuil et se chauffe les pieds, tout en répondant :

— Oui, mon cher Sanscravate, oui, ta sœur est charmante... et d'une douceur d'ange. Je l'ai beaucoup aimée... je l'aime encore.. Aussi je veux qu'elle soit heureuse. Oh ! c'est mon plus ardent désir.

— Oh ! à la bonne heure donc, monsieur ! s'écrie le commissionnaire tout joyeux, vous voulez faire le bonheur de ma sœur... c'est-à-dire que vous tiendrez les promesses que vous lui avez faites en l'enlevant de l'Auvergne... Ah ! vous me rendrez bien heureux, et vous êtes un digne jeune homme.

Albert se balance dans son fauteuil, en répondant :

— Sanscravate, quand je te dis que je veux voir ta sœur heureuse, c'est que... pour réparer... mon étourderie, je veux assurer son sort... son existence... Si j'ai fait des promesses, ce sont de ces propos que tous les jeunes gens tiennent aux jolies filles, et qui n'engagent à rien !..

Sanscravate recule vivement sa chaise, il devient pâle à son tour ; il fixe Albert, mais il ne balbutie plus, et s'écrie :

— Nous ne nous entendons plus, et, sacredié ! il faut pourtant que nous arrivions à quelque chose... M. Albert, n'avez-vous pas séduit ma sœur, qui était simple, naïve, qui n'avait encore aucune idée de l'amour ?.. Nierez-vous que vous avez abusé de son innocence, que vous ne l'avez fait consentir à quitter son pays, sa protectrice, qu'en lui jurant que vous l'épouseriez ?

— Eh, mon Dieu ! je ne nierai rien ! Je t'ai dit d'avance que je convenais de tout cela ! Mais, encore une fois, un jeune homme fait dans sa vie cinquante serments semblables, tant pis pour celles qui les croient.

— Vous n'avez donc pas l'intention d'épouser ma sœur ?

Albert se renverse de nouveau dans son fauteuil et se met à rire, en disant :

— Epouser ta sœur !.. Allons donc, Sanscravate !.. mais tu n'y penses pas !.. Est-ce qu'une telle union serait assortie. . Voyons, sois raisonnable... tu es un brave garçon, je n'en doute pas, mais que dirait-on si je faisais de toi mon beau-frère ! On dirait que je suis devenu imbécile.

— Monsieur, dit Sanscravate en s'efforçant de maîtriser sa colère, prenez garde... Ne me jetez pas des offenses à la face... Tout commissionnaire que je suis... je vaux mieux que vous en ce moment.

— Mais, pour Dieu ! Sanscravate, écoute-moi donc... Est-ce qu'un jeune homme peut épouser toutes les femmes auxquelles il fait la cour ?.. Depuis quand as-tu une morale si sévère ?.. N'étais-tu pas, depuis longtemps, chargé de porter mes billets doux, ne connaissais-tu pas mes intrigues ?.. Tu savais que j'avais trois ou quatre maîtresses en même temps, et loin de m'en blâmer, tu étais le premier à en rire...

— Ah ! oui... vous avez raison, monsieur... Je servais vos mauvaises actions... J'avais tort... Il y avait quelqu'un qui me le disait alors... Et pourtant ce quelqu'un-là m'a bien trompé aussi.

— Je te répète, Sanscravate, que je me repens de m'être adressé à ta sœur, qui était honnête et sage... mais enfin... à tout péché miséricorde... Encore une fois, je lui assurerai une pension, et...

Sanscravate se lève et frappe du pied, en s'écriant :

— Mille z'yeux!.. ne parlez pas d'argent... Vous croyez avoir tout fait, vous autres du beau monde, quand vous avez délié les cordons de votre bourse... Je vous dis que c'est un mariage qui peut seul réparer votre faute... Votre père l'a bien senti, lui, car il a donné son consentement à cette union... Vous voyez ben, monsieur, que rien n'empêche ce mariage.

— Oui, dit Albert d'un ton piqué, je sais que vous avez vu mon père... que vous lui avez arraché son consentement ; je ne vous cacherai même pas qu'hier au soir à mon retour, après m'avoir embrassé, il m'a parlé de cette promesse qu'il vous a faite, mais je lui ai fait connaître mes intentions, en lui jurant que rien ne pourrait m'en faire changer.

— Rien!.. murmure Sanscravate... rien ! Pas même si on vous disait que... vous êtes père... que ma sœur porte dans son sein un enfant... qu'elle vous supplie de ne pas le priver du nom de son père... car voilà pourtant la vérité..

Albert baisse les yeux, il éprouve une vive émotion qu'il cherche en vain à cacher. Sanscravate se rapproche de lui :

— Eh bien ! repousserez-vous cette innocente créature ?

Albert garde quelques instants le silence. Enfin il répond d'une voix faible :

— J'aurai autant de soin de l'enfant que de la mère... Mais je ne puis pas... je ne saurais épouser Adeline, car ce mariage me couvrirait de ridicule.

— C'est votre dernier mot, monsieur?

— Oui, Sanscravate.

Le commissionnaire tire de sa poche les pistolets que lui a donnés madame Baldimer, et il les montre à Albert, en lui disant :

— Alors voilà le mien, à moi... Quand vous voudrez, je vous attends.

Le jeune homme semble plus surpris qu'effrayé; il regarde les armes, et dit :

— Comment! Sanscravate, tu veux te battre avec moi ?

— Cela vous étonne!.. Vous avez donc cru que je me laisserais tranquillement déshonorer, et que je me contenterais de vos excuses... Non, non... il me faut mieux que ça... Voyons, je vous attends, monsieur...

— Sanscravate, je suis fâché de ne pouvoir te donner la satisfaction que tu me demandes, mais cela ne se peut pas... Un jeune homme de mon rang ne se bat pas en duel avec un commissionnaire !..

— Alors un homme de ton rang se contente donc d'être un lâche, un infâme... Alors il veut donc qu'on le soufflette, qu'on le rosse, qu'on l'étrangle... et c'est ce que je vais faire si tu refuses de te battre !..

En disant ces mots, Sanscravate, que la fureur exaspère, a sauté sur Albert, il le prend au collet, le secoue avec force et lui donne sur le visage un coup avec le pommeau d'un de ses pistolets. Le jeune homme devient pourpre, et s'écrie :

— Je me batterai, monsieur, oui... vous avez raison... Il faut nous battre.

— Ah ! c'est bien heureux ! dit le commissionnaire en lâchant le jeune homme. Voyons, est-ce tout de suite... Ah ! je suis pressé, d'abord.

— Monsieur, avant de se battre, on a toujours quelques dispositions à faire.

— Je n'en ai aucune, moi !

— Dans deux heures je serai prêt... Il n'est pas encore neuf heures... à onze heures au plus tard... trouvez-vous...

— Derrière le bois de Romainville.... à la descente de Pantin ; il y a par là des carrières... et on est libre.

— Soit, j'y serai. Aurez-vous un témoin ?

— Pourquoi faire ?

— En effet, entre nous deux c'est inutile... J'aurai seulement une voiture avec un domestique.

— Comme vous voudrez... Sans adieu, monsieur, je vais vous attendre, et j'espère que vous ne me laisserez pas m'enrhumer.

Sanscravate s'éloigne, et il prend sur-le-champ un chemin qui doit le conduire au lieu du rendez-vous.

Le commissionnaire marche moins vite maintenant, car il sait qu'il a du temps devant lui; ensuite il se sent moins agité, la certitude d'une prochaine vengeance a calmé sa colère. Il pense, il réfléchit; au moment d'exposer sa vie, on se rappelle les personnes que l'on regretterait le plus de quitter pour toujours, et malgré lui Sanscravate voit plusieurs fois l'image de Bastringuette se glisser parmi ses souvenirs.

Il est à peine dix heures et demi, et le commissionnaire est à l'endroit qu'il a indiqué. Il s'assied sur la terre, et il attend. Il est alors sur le versant du bois de Romainville. A ses pieds sont des fours à plâtre et une fabrique de briques; devant lui est le village de Pantin; mais de ce côté la route est déserte, silencieuse et bordée de longues et hautes murailles qui entourent des jardins. A droite sont les buttes sur lesquelles on a bâti le fort qui domine toute la plaine; enfin sur la gauche, dans le bas, on aperçoit des peupliers formant un carré qui semble annoncer une propriété ou une promenade. C'est le cimetière de Pantin.

Sanscravate laisse ses yeux errer dans l'espace, mais il les reporte souvent du côté de Pantin, car c'est par là seulement qu'une voiture peut arriver jusqu'au lieu du rendez-vous, et il présume que c'est par ce chemin qu'Albert viendra. Puis il sort ses pistolets de sa poche, examine s'ils sont bien chargés, et pousse un profond soupir.

Le temps est beau, mais froid. Les arbres sont dépouillés de leur verdure, il passe peu de monde alors dans le bois, de temps à autre quelque paysan descend la côte pour se rendre à Pantin, ou des carriers se montrent à l'entrée de leurs masures, ou des soldats se promènent autour du fort, mais ces gens-là ne font aucune attention au commissionnaire.

Cependant en jettant les yeux autour de lui, Sanscravate aperçoit une femme qui sort du bois et descend lentement du côté du cimetière. Cette personne est fort loin de lui, mais il peut voir à sa mise, à sa tournure, que ce n'est point une paysanne. Un grand chapeau, sur lequel un voile est jeté, empêche qu'on aperçoive ses traits, et pourtant en la suivant des yeux, Sanscravate se dit :

— Il me semble que je connais cette femme.

Pendant qu'il cherche à deviner qui ce peut être, le bruit d'une voiture se fait entendre du côté de Pantin, et bientôt un fiacre paraît dans la rue du village, et s'arrête aussi près que possible de la montée qui conduit au bois.

Sanscravate ne s'occupe plus de la dame, il descend la côte en toute hâte, et bientôt il se trouve devant Albert, qui a quitté sa voiture.

Le jeune homme salue le commissionnaire d'un air amical et dans lequel il n'y a plus ni ressentiment ni colère, puis lui montre le cimetière en disant :

— Allons par là... les hommes qui travaillent à la brique pourraient seuls nous voir, mais ce n'est pas eux qui mettront obstacle à notre duel, ils seront charmés au contraire que nous leur donnions ce spectacle.

Sanscravate ne répond rien et suit Albert ; le domestique du jeune Vermoncey marche derrière en portant une boîte à pistolets.

Arrivés sur le chemin qui est devant le cimetière, Albert s'arrête, en disant :

— Je ne vois pas pourquoi nous irions plus loin... Joseph, donne-moi mes armes.

Le domestique ouvre la boîte et apporte les pistolets à son maître en tremblant comme la feuille. Pendant ce temps le commissionnaire, qui a pris les siens, les présente à son adversaire, en disant :

— Aimez-vous mieux un de ceux-ci ? voulez-vous que je prenne un des vôtres ?.. C'est comme vous voudrez.

Albert regarde les armes que lui présente Sanscravate, et s'écrie :

— Diable ! mais tu as là de bien beaux pistolets, Sanscravate... C'est singulier... plus je les examine... il me semble que je les reconnais... que je les ai déjà vus quelque part.

— C'est possible, monsieur, car je les tiens d'une personne que vous connaissez... C'est madame Baldimer qui me les a donnés.

— Madame Baldimer ! s'écrie Albert. Ah ! oui... en effet... c'est dans ses mains que je les ai vus... Je me rappelle que plus d'une fois elle m'a dit en riant : C'est avec cela que je veux vous tuer .. Allons, il paraît qu'elle ne disait pas cela pour plaisanter... Décidément cette femme-là m'en veut beaucoup... Garde tes armes et moi les miennes, et plaçons-nous.

Albert recule d'une quinzaine de pas, et dit au commissionnaire :

— Trouves-tu que ce soit bien comme cela?

— Oui, monsieur, répond Sanscravate d'une voix tremblante.

— Remets-toi, mon pauvre Sanscravate, tu parais ému ? dit Albert.

— En effet, monsieur. . je tremble ! et pourtant vous pouvez être persuadé que ce n'est pas de peur ! . Mais je ne me suis jamais battu qu'à coups de poing, moi !.. On se fait du mal... mais on ne se tue pas... Moi, du moins, je ne cherchais jamais à donner de mauvais coups... Et quand je pense qu'avec ce petit tuyau de fonte... je puis vous tuer... Ah ! tenez, monsieur... si vous vouliez... il ne tiendrait qu'à vous de...

— Assez ! assez, Sanscravate ! ne recommençons pas notre conversation de ce matin. Tu es l'offensé, tire.

— Non, monsieur, je ne veux pas commencer.

— C'est ton droit.

— Je vous ai offensé ce matin en vous secouant par le collet... c'est à vous de commencer.

— Écoute : mon domestique va frapper trois coups dans sa main, et au troisième nous tirerons ensemble.

— A la bonne heure comme ça.

Albert dit à son domestique ce qu'il doit faire. Celui-ci frappe dans ses mains en détournant la tête pour ne pas voir les combattants... Au dernier signal, Sanscravate tire, l'autre coup de pistolet ne se fait pas attendre, mais Albert tombe sur le chemin.

Sanscravate court au jeune homme, qui a reçu la balle dans le côté, et dont le sang coule à grands flots. Il se jette à genoux en pleurant, mais Albert lui tend la main et tâche de lui sourire, en disant :

— Tu as fait ton devoir... ne te repens pas... Si je meurs, tu verras que je n'ai pas oublié ta sœur.

— Oh ! vous ne mourrez pas, je l'espère !.. Cette blessure pourra se guérir...

— Porte-moi dans la voiture, et fais-moi ramener chez mon père.

Albert n'a pas la force d'en dire davantage, il perd connaissance. Sanscravate le soutient dans ses bras. Deux plâtriers, que le bruit du coup de pistolet vient d'attirer sur le lieu du combat, aident à transporter le blessé dans la voiture. Sanscravate a tâché d'arrêter le sang en nouant son mouchoir sur la blessure. Joseph monte dans le fiacre et se place de manière à soutenir son maître. Sanscravate est sur le point de les accompagner, mais il ne se sent pas la force de ramener lui-même Albert à son père, il laisse la voiture s'éloigner sans lui.

Il y a déjà deux heures que le duel a eu lieu, et Sanscravate erre dans la campagne, ne sachant pas ce qu'il veut faire et priant à chaque moment le ciel pour qu'Albert ne meure pas de sa blessure.

Enfin le commissionnaire se décide à retourner à Paris. Mais arrivé dans la ville, il n'ose pas aller trouver sa sœur; il craint qu'elle ne devine, en le voyant, ce qui s'est passé, et il ne veut pas lui avouer qu'il s'est battu avec son séducteur avant d'être rassuré sur l'état du blessé. Aller s'asseoir à sa place journalière et y rester tranquille, serait chose impossible à Sanscravate; il se met à marcher au hasard dans les rues.

Lorsque la nuit commence à tomber, Sanscravate n'y tient plus, il veut absolument savoir quel est l'état d'Albert, il se dirige vers sa demeure, en se disant :

— Maintenant les médecins ont dû donner leur opinion sur sa blessure... Je demanderai... je m'informerai, et je ne retournerai près de ma sœur que quand je serai rassuré sur l'état de ce jeune homme.

S'étant arrêté à ce parti, Sanscravate est bientôt rue Caumartin, devant la maison où demeure monsieur Vermoncey. La porte cochère est encore ouverte; il entre, s'arrête devant la loge du concierge, mais il n'aperçoit personne; il se décide à monter, afin de s'informer près des domestiques. Il arrive devant la porte de l'appartement d'Albert, elle n est pas fermée, et il aperçoit plusieurs lumières dans la salle d'entrée, mais il ne voit personne, et cependant les autres portes sont ouvertes; cette solitude et ce désordre glacent l'âme de Sanscravate; car il y a dans tout cela quelque chose de triste, quelque chose de silencieux qui annonce ou qui suit la mort.

Le commissionnaire ne sait ce qu'il doit faire, et cependant il ne peut rester dans cette incertitude. Il se décide à entrer dans l'appartement, mais il marche doucement, avec précaution, comme s'il avait peur de réveiller quelqu'un. Il traverse une pièce qui est après l'antichambre; il va pénétrer dans une autre dont la porte est entr'ouverte, lorsque des sanglots arrivent à son oreille, il avance un peu la tête et aperçoit monsieur Vermoncey assis, tenant sa tête dans ses mains et paraissant livré au plus sombre désespoir.

Sanscravate n'a plus la force d'avancer ni de

sortir, ses jambes fléchissent sous lui, il se laisse aller sur une chaise et y demeure accablé, car il devine ce qui peut causer la douleur de ce malheureux père.

En ce moment on ouvre tout à coup une porte qui donne aussi dans la pièce où est monsieur Vermoncey, mais du côté opposé à celle contre laquelle est Sanscravate. Une femme paraît. Le commissionnaire a reconnu le chapeau, la tournure qui l'avait frappé un moment avant son duel. Cette femme s'avance fièrement vers monsieur Vermoncey, elle jette de côté son voile et son chapeau, en s'écriant :

— Me reconnaissez-vous, monsieur ?

Sanscravate est resté tout saisi en reconnaissant madame Baldimer. Monsieur Vermoncey lève des yeux remplis de larmes, semble frappé de terreur en voyant la personne qui est devant lui, et balbutie :

— C'est vous, madame, qui aviez juré la perte de mon malheureux fils... et vous venez sans doute jouir de mon désespoir... car il est mort, mon pauvre Albert... il a expiré dans mes bras, un moment après avoir été rapporté près de moi... Mais que vous avait-il donc fait cet infortuné, pour vous acharner à sa perte ?..

— Lui, monsieur... il ne m'avait rien fait.. Je l'aurais même beaucoup aimé s'il n'eût pas été votre fils.. mais en vous privant de ce dernier enfant, fruit de votre mariage, j'ai vengé ma sœur... ma pauvre Marie !

— Marie !

— Oui, monsieur, Marie Delbart, cette jeune brodeuse que vous avez séduite avant votre mariage... elle avait une sœur plus jeune qu'elle de dix ans et qu'un parent éloigné avait emmenée en Amérique.

— En effet... je crois me rappeler...

— Oui, Marie a dû vous parler quelquefois de cette jeune sœur qui avait pour elle la tendresse qu'une fille a pour sa mère, et qui avait versé bien des larmes en partant. Eh bien ! monsieur, avant de mourir, Marie m'avait laissé une lettre dans laquelle elle me contait l'histoire de ses malheurs, en me suppliant, si jamais je revenais en France, de faire tout mon possible pour retrouver son enfant, et la venger de son indigne séducteur. Cette lettre, on ne me la remit que lorsque j'eus atteint ma majorité, c'était encore la volonté de Marie ; mais alors je venais d'épouser un riche planteur, monsieur Baldimer, qui était beaucoup plus âgé que moi, mais qui m'avait élevée à une position que je n'aurais jamais osé espérer. J'aurais voulu revenir sur-le-champ en France pour accomplir le vœu de ma sœur, mais mon époux ne voulut pas faire ce voyage, et je dus attendre. Il y a quinze mois, monsieur Baldimer mourut, alors je réalisai ma fortune et je revins en France, ma patrie, en me promettant bien de remplir les dernières volontés de Marie. Mais retrouver son enfant était presque impossible!.. Cependant ma sœur s'était rappelé le nom de la sage-femme qui était près d'elle lorsqu'elle devint mère, et qui avait dû vous servir dans votre indigne résolution de faire porter votre fils aux enfants trouvés... A force de recherches, de démarches, je suis parvenue, il y a quelque temps, à retrouver cette femme qui est fort âgée maintenant.

Monsieur Vermoncey regarde madame Baldimer avec anxiété, en balbutiant :

— Vous l'avez retrouvée... Ah! je l'ai vainement cherchée, moi!.. eh bien! madame, achevez... ce malheureux enfant?..

— Elle se rappela toutes les circonstances de cette aventure. Ma sœur habitait alors à Saint-Cloud. En emportant l'enfant qu'elle était censée porter à une nourrice, et que d'après vos ordres, elle portait à Paris, avec tous ces pauvres malheureux qui ne doivent point avoir de famille, cette femme pensant que si on voulait ravoir cet enfant, il fallait pouvoir le reconnaître, lui fit une croix sur l'avant-bras gauche et écrivit sur un petit papier : « Il se nomme Paul de Saint-Cloud. »

En entendant ces mots, Sanscravate fait un mouvement de surprise, en murmurant :

— Ah! mon Dieu... ce serait!..

Mais ce mouvement et ce léger cri n'ont pas été entendus, et madame Baldimer continue de parler :

— Munie de ces renseignements, je me suis rendue à l'hospice. Après de nombreuses recherches, je sus enfin que l'enfant qui portait ce nom avait été recueilli à dix ans par un honnête négociant qui l'avait adopté. Mais le nom de ce négociant était à demi effacé, et il me fut impossible d'en savoir davantage. Quant à vous, monsieur, il m'avait été facile d'avoir de vos nouvelles. Je sus aussi qu'après avoir eu une nombreuse famille, vous aviez perdu votre femme et trois de vos enfants; enfin qu'il ne vous restait qu'un fils, objet de tout votre amour ; et moi, je me dis que la justice céleste, qui vous avait déjà repris trois de vos enfants, ne devait pas non plus vous laisser ce dernier, puisque jadis, vous aviez repoussé de vos bras celui que ma pauvre sœur vous avait donné... Vous le voyez, monsieur... j'avais eu raison de compter sur elle !

— Assez!.. assez, madame! murmure M. Vermoncey, en cachant sa tête dans ses mains. Oh! oui, je suis bien puni d'une faute de ma jeunesse... Mon Albert n'est plus... je suis seul au monde... car je ne retrouverai jamais cet enfant que m'avait donné Marie, et que maintenant je serais trop heureux de nommer mon fils... Ah! je n'ai plus qu'à mourir aussi !..

La voix de M. Vermoncey s'affaiblit, et en achevant ces mots il succombe à sa douleur et perd connaissance. Madame Baldimer tire les cordons des sonnettes, appelle du secours; plusieurs domestiques arrivent et passent devant Sanscravate pour aller à leur maître.

Profitant de ce moment de trouble, le commissionnaire quitte l'endroit où il était, il gagne la pièce d'entrée et sort de l'appartement et de la maison sans que personne ait fait attention à lui.

Sanscravate retourne chez lui. Au moment d'arriver près de sa sœur, il s'arrête, car il sent qu'il va lui porter un coup cruel. Il sait bien qu'il pourrait encore pendant quelque temps lu cacher la mort d'Albert, mais tôt ou tard il faudra toujours qu'Adeline apprenne cet événement, et Sanscravate pense qu'il ne faut jamai éloigner la nouvelle d'un malheur, car c'est un triste avenir que l'on réserve à ceux que cel touche, tandis que les larmes une fois versées on peut au moins espérer que le temps les séchera.

Adeline était inquiète de son frère qu'ell n'avait pas aperçu de la journée. En l'entendan rentrer, elle pousse un cri de joie et va pou courir dans ses bras; mais en le voyant si pâle si défait, elle s'arrête et devient tremblante car elle voit aussi des larmes dans ses yeux.

— Qu'est-il donc arrivé? demande la jeun fille. Est-ce que tu as vu Albert? est-ce qu'l refuse encore de me voir?..

— Oui... murmure le commissionnaire e

baissant les regards vers la terre; il te repoussait, il te méprisait... et je l'en ai puni !..

— Oh! mon Dieu !.. que veux-tu dire?..

— Que tu n'as plus que moi pour appui .. mais que celui-là ne te manquera jamais...

Adeline est anéantie, les sanglots l'étouffent; enfin elle verse d'abondantes larmes, et son frère lui dit :

— Pleure, ma pauvre Liline... pleure sur le sort de ce jeune homme qui avait plus de courage que de bons sentiments... pleure sur moi, qui ai été forcé de le punir... et qui aurait toute ma vie ce triste souvenir devant les yeux... mais rappelle-toi aussi que tu es mère... et que tu dois vivre pour ton enfant.

Puis, malgré la douleur qu'il éprouve de la mort d'Albert, Sanscravate pense à chaque instant à ce qu'il a appris touchant Paul, son ancien camarade, et il se dit :

— C'est lui, il n'y a aucun doute, qui est le fils de M. Vermoncey... et il ne tiendrait qu'à moi de lui faire retrouver un nom, un rang, une fortune... Mais il m'a indignement trahi... il m'a pris Bastringuette que j'aimais... que j'aime encore!.. Il est avec elle maintenant, car je l'ai rencontré appuyé sur le bras de mon infidèle... et si je lui faisais avoir une fortune, c'est avec elle qu'il en jouirait... Oh ! non ! sapredié! non !.. il n'en sera pas ainsi.. Je n'ai pas assez de vertu pour faire du bien à ceux qui me font du mal ! et je garderai mon secret.

CHAPITRE VI.

Une réputation.

M. Vermoncey, tout entier à sa douleur, vivait dans la retraite et ne recevait personne ; mais ne voulant pas que l'on sût que son fils avait été tué en duel par un commissionnaire, ce qui aurait pu amener à la découverte de la cause de ce duel et fait peu d'honneur à la mémoire de son fils, M. Vermoncey, sachant que ce fatal événement n'avait pas eu d'autres témoins que le domestique d'Albert, avait donné une forte somme à Joseph, et l'avait renvoyé dans son pays, après lui avoir fait dire dans tout le quartier et à ses camarades, que son jeune maître s'était battu avec un de ses amis, après une querelle dont il ignorait le sujet. Et personne n'avait mis en doute ce récit, parce qu'il était beaucoup plus vraisemblable que le duel d'Albert avec un commissionnaire.

Près d'un mois s'était écoulé depuis les événements qui avaient amené la mort d'Albert, lorsqu'un matin, un petit jeune homme, mis avec une élégance prétentieuse, descend d'un cabriolet, et après avoir braqué son lorgnon carré sur son œil, pour s'assurer s'il est bien devant la demeure de son ami, entre dans la maison où loge M. Vermoncey, en criant au concierge :

— Je vais chez M. Albert Vermoncey, mon ami... je pense qu'il est revenu de son voyage de Normandie... et j'ai mille choses à lui dire.

Le concierge court après Tobie Pigeonnier, car c'est lui qui est maintenant si brillant et si fier, il l'arrête au bas de l'escalier en lui disant :

— Eh ! mon Dieu ! monsieur ! n'allez pas si vite... c'est bien inutile... vous ne savez donc pas ce qui est arrivé !

— Qu'est-ce donc ?

— Ce pauvre M. Albert est mort !

— Mort... Ah ! mon Dieu...

— Oui, monsieur, il a été tué en duel...

— Tué en duel ?

Tobie regarde le concierge d'un air de doute, et cherche à lire dans ses yeux s'il ne se moque pas de lui, puis il reprend :

— Ha çà ! voyons, concierge : êtes-vous bien certain de ce que vous dites ? Déjà on avait fait courir le bruit qu'Albert avait péri dans un duel, et je sais fort bien qu'il n'en était rien, moi.

— Hélas ! monsieur, je n'en suis que trop certain !

— Combien y a-t-il de temps qu'Albert est mort ?

— Un mois après demain, monsieur... Oh ! je me rappelle encore cette fatale journée... on a ramené ici ce pauvre jeune homme dans une voiture, il avait reçu une balle dans le côté, c'est moi qui ai couru chercher le chirurgien, et lorsqu'il a voulu extraire la balle, le blessé a fermé les yeux. . et c'était fini.

— Albert était donc de retour à Paris !

— Oui, monsieur. Il était d'abord revenu après une absence assez longue, mais il n'était resté que huit jours environ, puis il était reparti. Quand il a eu ce duel, il était seulement revenu de la veille au soir.

— Et avec qui s'est-il battu ... pour quel sujet ?

— Mon Dieu, monsieur, on n'en sait rien, le pauvre jeune homme est mort si vite, il n'a rien pu dire... il n'avait emmené avec lui, pour témoin, que Joseph son domestique, qui nous a conté que son maître s'était battu au pistolet, près de Pantin, avec un jeune homme qui n'avait pas de témoin, et que lui, Joseph, ne connaissait pas... d'autant plus qu'il n'y avait pas longtemps qu'il était au service de M. Albert ; et quant au motif de la querelle, il n'en savait rien du tout. Je me rappelle bien ce jour-là avoir vu un commissionnaire monter chez M. Albert... il venait sans doute apporter le défi de la part de l'autre... mais voilà tout ce que je sais.

— Tout cela est fort obscur.... où est-il ce Joseph? je serais curieux de causer avec lui.

— Il est reparti pour son pays. M. Albert étant mort, M. Vermoncey ne l'a pas gardé.. Ah! ce pauvre père, il est bien triste! il ne sort plus, ne reçoit plus personne.. . Cependant, monsieur, si vous voulez essayer de le voir....

— Non, non, c'est inutile... je ne veux pas troubler sa douleur.. Alors, puisque ce pauvre Albert est mort, je n'ai plus qu'à me retirer.

Tobie Pigeonnier remonte dans son cabriolet tout préoccupé de ce qu'il vient d'apprendre, il se fait descendre au boulevard des Italiens, et entre fièrement chez Tortoni, où il aperçoit Mouillot et Balivan, les deux fidèles habitués.

Les deux jeunes gens poussent un cri en apercevant le petit jeune homme qui vient en souriant s'asseoir à leur table, et demande du chocalat, des petits pains, des flûtes et du beurre, de l'air d'un homme qui ne craint pas de faire de la dépense.

— O ciel! ô ciel! en croirai-je mes yeux!

chante Mouillot en regardant Tobie, c'est lui!.. c'est vraiment lui!.. il n'est pas parti pour la Russie ou les îles Marquises, comme nous l'avions pensé!

— Et il est mis comme plusieurs milords, dit Balivan.

— Et il vient retirer son olive de la circulation.

— Oui, messieurs, répond Tobie, je suis riche, je suis très-riche... ma tante est morte... cette honorable dame dont je vous avais parlé quelquefois... et avec laquelle je comptais m'associer, elle est morte, j'ai hérité, elle m'a laissé un fonds magnifique !

— Dans quel genre ?

— Dans tous les genres... Je continuerai peut-être son commerce... je ne sais pas encore... Quant à cette malheure olive, si je ne l'ai pas payée plus tôt, parbleu ! ce n'est pas ma faute, mais je ne savais pas l'adresse de M. Varinet.

— Il fallait nous la demander.

— Je ne vous rencontrais pas.

— Ah ! quelle bourde ! nous sommes à ce café tous les matins. N'importe ! si vous avez envie de payer Varinet, il doit venir bientôt nous retrouver ici.

— Oh ! alors, je l'attends.

— Et savez-vous que ce pauvre Albert...

— Est mort; oui, je le sais.

— Tué en duel.. et on ignore par qui !.. n'est-ce pas fort singulier ?

Tobie se pince la bouche, fronce les sourcils et regarde au plafond, en murmurant :

— Ah ! il a quelquefois dans le monde des choses qui ne peuvent pas se dire... mais on finit toujours par deviner la vérité !... Vous comprenez bien que celui qui a tué M. Albert n'ira pas se vanter de cela... parce qu'il est probable qu'il en est lui-même fort affecté.

Et Tobie sort un mouchoir de sa poche, et se mouche à quatre reprises, pour tâcher de faire croire qu'il pleure.

Mouillot et Balivan se regardent d'un air étonné; mais Mouillot dit à demi-voix :

— Allons donc, ce n'est pas possible !..

Tobie n'en est qu'à sa cinquième flûte, lorsque monsieur Varinet arrive avec monsieur Dupétrain. Le premier fait un salut très-froid au jeune Pigeonnier, mais celui-ci s'empresse de lui dire :

— J'ai beaucoup d'excuses à vous faire, monsieur, pour être resté si longtemps votre débiteur; mais il paraît que le hasard nous a toujours séparés; enfin puisque je vous retrouve, je vais, si vous le permettez, m'acquitter envers vous.

Monsieur Varinet s'empresse de tirer sa bourse, enchanté de n'y plus garder un noyau d'olive, il le prend et le présente à Tobie, en lui disant :

— Voilà votre fétiche, monsieur.

— Je ne le reconnais pas !.. dit Pigeonnier, en examinant l'olive.

Le jeune homme aux cils blonds répond d'un ton un peu sec :

— Vous l'avez laissé si longtemps entre mes mains, monsieur, qu'il a eu le temps de changer. Si vous l'aviez payé le lendemain, comme s'acquittent ordinairement les dettes de jeu, il ne serait pas réduit à l'état de noyau.

Tobie ne trouve rien à répondre, mais il sort de sa poche un portefeuille, l'ouvre afin de faire voir plusieurs billets de banque qui sont dedans, en prend un de cinq cents francs et le donne à Varinet, en disant !

— Dans la quantité, un de plus ou du moins.. il n'y paraîtra pas.

— Voilà un portefeuille qui arrangerait Célestin dans ce moment, dit Mouillot.

— Pourquoi donc cela ?

— Parce qu'il est en prison pour dettes depuis deux mois.

— Bah ! vraiment... en prison pour dettes ! ce pauvre Célestin... j'irai le voir... et je verrai à l'en faire sortir.

Après avoir prononcé ces mots, en se donnant un air d'importance, Tobie dit adieu à ses amis, et sort du café ; mais il n'a pas fait trente pas sur les boulevards qu'il est rejoint par monsieur Dupétrain qui passe son bras sous le sien, en lui disant :

— Mon cher monsieur Pigeonnier, j'ai quelque chose d'important à vous communiquer... un avis... enfin quelque chose qu'il est bon que vous sachiez, afin de vous mettre sur vos gardes.

— Qu'est-ce à dire ? s'écrie Tobie déjà effrayé... est-ce qu'on veut me voler... On aura su que j'avais hérité de ma tante, et on veut me voler, n'est-ce pas ?

— Ce n'est pas cela du tout ; d'abord, si on voulait vous voler, il est probable qu'on ne m'en aurait pas fait la confidence.

— Ah! c'est juste... mais vous me dites de me tenir sur mes gardes.

— C'est que je m'intéresse à vous, monsieur Pigeonnier, car vous croyez au magnétisme, vous, et je me rappelle même que la dernière fois que nous dînâmes ensemble, je devais vous raconter un fait fort curieux, touchant les effets extraordinaires du somnambulisme... Voilà ce que c'était. Une dame, dont le mari était en voyage, désirant savoir si...

Tobie lâche vivement le bras de monsieur Dupétrain, en s'écriant avec impatience :

— Est-ce pour me raconter cela que vous m'avez dit de me tenir sur mes gardes?

— Ah! pardon... en effet, je ne vous ai pas dit... voici ce que c'est. Je me suis trouvé dernièrement en soirée avec M. Plays... vous le connaissez? le mari de madame Plays?

— Oui, oui, répond Tobie d'un air fat; une excellente pâte d'homme! mais je connais encore plus sa femme. Eh bien! que vous a dit ce bon Plays?

— Ce bon Plays... puisqu'il vous plaît de l'appeler ainsi, m'a, tout en causant, demandé si je vous connaissais, puis sur ma réponse affirmative, m'a engagé, si je vous voyais, à vous prier d'éviter sa rencontre, vu que son épouse lui a ordonné de vous tuer, parce qu'il paraît que vous l'avez offensée et abusée indignement; voilà tout ce que Plays a voulu me dire.

Tobie se met à rire aux éclats, en répondant :

— Ah ! charmant !... délicieux... ah ! elle charge son mari de me tuer maintenant !... je devine pourquoi... Pauvre mari ! heureusement qu'il a la bonté de me prévenir. Je vous remercie de votre avis, mon cher monsieur Dupétrain, mais je vous certifie que M. Plays ne m'inquiète pas du tout... il n'est pas duelliste, et d'ailleurs je n'aurais qu'un mot à dire pour... Hélas !... je voudrais bien n'avoir aucun duel à me reprocher, moi.

Tobie tire encore son mouchoir en se donnant un air affecté

Dupétrain reprend :

— Je suis charmé que cette affaire ne vous inquiète pas... alors nous pouvons en revenir à cette histoire que je n'ai pas eu le temps de vous finir. Une jeune dame, dont le mari voyageait de puis assez longtemps...

— Pardon .. M. Dupétrain, mais j'ai un rendez-vous pressé... ce sera pour une autre fois, si vous le permettez.

Deux jours après cette conversation, Tobie, qui depuis qu'il a hérité de sa tante Abraham, court continuellement les bals, les réunions, les promenades, les concerts et les spectacles, se trouve un soir en face de M. Plays et de sa femme au foyer de l'Opéra.

Madame Plays s'arrête, lance un regard foudroyant à Tobie, et pousse son mari en lui disant :

— Le voilà !...

— Qui ? demande M. Plays.

— L'insolent qui s'est amusé à mes dépens, et que vous devez châtier !

Monsieur Plays devient très-blanc ; il s'appuie sur le bras de sa femme, en murmurant :

— Mes cors me fort bien mal ! le temps changera demain ! c'est signe d'eau.

— Monsieur, il n'est pas question de vos cors... voilà le jeune homme qui est cause que j'ai porté deux mois un cigare dans mon sein, il me faut une satisfaction, monsieur... Je m'assieds ici sur ce banc et je ne vous perd pas de vue ; allez provoquer M. Pigeonnier, sinon n'espérez pas entrer jamais dans mon boudoir... vous comprenez... allez, monsieur.

La superbe Herminie s'est assise à l'une des extrémités du foyer, supportant avec beaucoup d'aplomb les regards que jettent sur elle les hommes qui se promènent en cet endroit pendant l'entr'acte. Quant à M. Plays, forcé d'aller chercher querelle à quelqu'un, il préférerait en ce moment être à Alger ou en chemin de fer.

Tobie avait parfaitement reconnu les deux époux, et il continuait de se promener en se mirant dans les glaces et en essayant de faire tenir son lorgnon dans son œil. Tout à coup une voix timide lui adresse la parole, il se retourne et aperçoit M. Plays qui n'a nullement l'air d'un provocateur et qui le salue fort poliment, en lui disant :

— C'est à monsieur Tobie Pigeonnier que j'ai l'honneur de parler ?

— Hé ! c'est monsieur Plays !.. enchanté de la rencontre ! Comment va cette chère santé, monsieur Plays ?

— Pas mal, je vous remercie... mais souffrant beaucoup de mes cors... J'ai des bottes qui me gènent .. en avez-vous ?

— Des bottes ?

— Non, des cors.

— Ce genre d'incommodité m'est totalement étranger.

— Ah ! que vous être heureux !

Ici monsieur Plays se retourne et aperçoit sa femme qui lui fait des yeux furibonds ; il se rappelle ce qu'elle exige de lui, et dit à Tobie à demi-voix :

— Mon cher monsieur Pigeonnier... je vous dirai que ma femme m'envoie vers vous, parce qu'elle croit que vous vous êtes... un peu moqué d'elle en lui disant que vous aviez tué en duel monsieur Albert Vermoncey... Vous savez que les femmes prennent la mouche pour très-peu de chose... Herminie est fort susceptible... Vous lui avez remis aussi un petit cigare... Bref, elle est furieuse contre vous... Moi, je suis persuadé que vous n'avez pas eu l'intention de lui manquer... Elle veut que je vous demande raison... ça n'a pas le sens commun... Il faudrait arranger cela à nous deux, et...

Tobie prend un air grave et interrompt monsieur Plays, en disant :

— Madame votre épouse a raison... parfaitement raison, et je ne m'étonne pas qu'elle vous ait dit de me tuer... Je l'approuve même...

Monsieur Plays se tient tantôt sur une jambe, tantôt sur l'autre, et regarde le petit monsieur d'un air inquiet en balbutiant :

— Comment, vous voulez... nous battre ?

— Chut ! veuillez m'écouter ! Je vous répète que je mériterais toute sa colère et la vôtre si je m'étais conduit comme elle le croit. Mais il n'en est rien ! Et maintenant, elle n'est que trop vengée de ce pauvre Albert. En effet, dans une première affaire je croyais l'avoir tué, et j'étais dans l'erreur... mais depuis, j'ai trop bien pris ma revanche... En apprenant le retour d'Albert à Paris, il y a un mois, je lui ai envoyé sur-le-champ un cartel par un commissionnaire... il s'y est rendu. Oh ! il était plein d'honneur... Nous nous sommes battus au pistolet, près de Pantin... Albert a reçu une balle dans le côté... et le jour même il a succombé. Voyez, monsieur, si maintenant madame votre épouse peut avoir encore à se plaindre de moi lorsque deux fois je me suis battu pour elle... lorsque pour la venger j'ai tué un de mes plus intimes amis.

Monsieur Plays presse la main de Tobie, en lui disant :

— Vous êtes un brave... je n'en avais jamais

douté... Ainsi, ce pauvre Albert est vraiment mort cette fois ?

— Oui, malheureusement ; car je ne vous cache pas que cela me fait beaucoup de peine.

— Je le crois, oh ! je le crois. Adieu donc, monsieur Pigeonnier .. C'est moi maintenant qui vous fais mes excuses.

— Je suis bien le vôtre, monsieur Plays.

Tobie s'éloigne. L'époux d'Herminie revient près de sa femme et lui conte tout ce que le jeune homme vient de lui dire. Madame Plays écoute ce récit avec impatience, et s'écrie :

— Ce n'est pas vrai... il s'est encore moqué de vous... Albert n'est pas mort...

— Cependant, ma chère amie, il semblait bien pénétré, et tous ces détails qu'il m'a donnés...

— Mensonges ! Au surplus, nous allons bientôt savoir la vérité, et malheur à vous, monsieur, si vous vous êtes laissé attraper. Venez... venez...

— Où donc, madame ?

— A la demeure de monsieur Vermoncey... Oh ! on ne m'abusera pas cette fois.

Herminie prend le bras de son époux, le fait sortir de l'Opéra, monter avec elle dans une voiture et arriver bientôt à la maison où logeait Albert. Là, elle interroge le concierge, elle apprend qu'en effet le jeune Vermoncey a été tué en duel il y a un mois, et tous les détails qu'on lui donne sur ce triste événement s'accordent parfaitement avec ce qu'a dit Tobie.

Alors, madame Plays jette les hauts cris, pousse des sanglots, pleure, déchire son mouchoir, a des attaques de nerfs, se roule dans la loge du concierge, et appelle Tobie un monstre, un assassin.

Monsieur Plays parvient, non sans peine, à ramener sa femme chez lui, et tout le long du chemin elle lui demande s'il sait ce qu'elle a fait du bout de cigare qui venait d'Albert; elle déclare qu'elle donnera mille francs à celui qui le retrouverait.

Puis, au bout de quelques jours, madame Plays conte partout que c'est monsieur Tobie Pigeonnier qui a tué en duel le jeune Albert Vermoncey; et comme personne ne dément cette nouvelle, que celui dont on fait le vainqueur est au contraire le premier à la confirmer, elle ne tarde pas à prendre le caractère de l'authenticité : et dans le monde le petit Tobie passe bientôt pour un duelliste auquel il n'est pas prudent de se frotter.

—

CHAPITRE VII ET DERNIER.

Une vieille dame.

Adeline était toujours si triste, mais elle ne pleurait plus, du moins devant son frère, car elle sentait bien que c'était augmenter la douleur et les regrets de Sanscravate, qui, pour elle, avait été obligé de commettre une action dont il éprouvait des remords, tout en se disant qu'il n'avait pas pu agir autrement.

Le commissionnaire travaillait avec ardeur, avec courage, ce n'était plus le même homme qu'autrefois ; depuis son duel avec Albert, il était devenu aussi doux qu'un enfant, et loin de chercher querelle à personne, il était toujours le premier à mettre la paix dans les différends qui s'élevaient autour de lui. Au lieu de se griser comme cela lui arrivait fréquemment avant ces événements, il fuyait toutes les occasions de boire, n'entrait plus au cabaret et ne prenait ses repas qu'avec sa sœur, à laquelle il apportait fidèlement, chaque jour, l'argent qu'il avait gagné dans la journée.

Suivant les conseils de son frère, Adeline avait écrit à leur père, elle lui avait avoué sa faute et raconté franchement sa conduite ainsi que les événements qui en étaient résultés. La réponse ne s'était pas fait attendre : le vieux père Renaud avait fait savoir à sa fille qu'il lui pardonnait, et que lorsqu'elle voudrait revenir près de lui, ses bras lui seraient toujours ouverts. Et Sanscravate avait dit à sa sœur :

— Quand ton enfant sera venu au monde et que tu seras assez forte pour supporter le voyage, nous partirons, nous retournerons au pays ; je m'y fixerai aussi, je ne vous quitterai plus, car un homme fort et courageux peut travailler partout, et j'ai bien assez de Paris comme ça ! Quand on n'a plus dans une ville ni un ami, ni une femme qui vous intéresse, on la quitte sans regret !

Quelques jours après la mort d'Albert, un messager de M. Vermoncey était venu dans l'humble réduit habité par le frère et la sœur. Il était porteur d'une lettre adressée à Adéline, et qui contenait ces mots :

« Mademoiselle, mon malheureux fils ne vous
» a pas oubliée avant de mourir; au moment
» d'aller se battre, il avait tracé un écrit par
» lequel il vous laissait le peu de fortune qui
» lui reste encore du bien de sa mère, et vous
» recommandait à ma générosité. Je veux rem-
» plir les derniers désirs de mon pauvre fils.
» Ce qui lui restait ne se montrait pas à douze
» cents francs de rente ; mais à dater de ce
» jour je vous assure sur mes biens six mille

» francs de pension, dont vous pouvez faire
» toucher une année dès à présent. »

VERMONCEY.

Après avoir pris connaissance de cette lettre, Adeline l'avait donnée à son frère. Sanscravate l'avait lue, puis il avait regardé sa sœur, tous les deux s'étaient compris sans se parler, et Adeline avait sur-le-champ répondu au père d'Albert :

« Je suis reconnaissante de vos bontés, mon-
» sieur, mais je ne veux rien, je ne puis rien
» accepter... Ce que je voulais, c'était l'amour
» d'Albert et son nom pour mon enfant... Le ciel
» ne l'a pas permis, mais l'argent que vous m'of-
» frez maintenant semblerait être le prix de
» mon déshonneur. »

Adeline avait fait lire ce billet à son frère, qui s'était écrié :

—Bien tapé ! sacrebleu ! je n'aurais pas mieux répondu.

Le messager était parti avec cette réponse, et depuis on n'avait pas eu d'autres nouvelles de M. Vermoncey.

Sanscravate faisait tout son possible pour égayer sa sœur, pour ramener quelquefois un sourire sur ses lèvres, mais cela lui était d'autant plus difficile que lui-même avait un fond de chagrin qu'il ne pouvait réussir à surmonter.

Le soir lorsqu'il revenait près d'Adeline, et qu'il s'asseyait à ses côtés avait l'intention de la distraire par le récit de quelques faits dont il avait été témoin dans la journée, après avoir dit quelques mots, les souvenirs du passé se présentaient à sa mémoire, il tombait dans une profonde rêverie et semblait même oublier que sa sœur était près de lui.

Un soir que Sanscravate était depuis longtemps absorbé par ses pensées, Adeline s'approche de lui, pose doucement une main sur son épaule, et lui dit :

— Toi aussi, mon ami, tu as des peines... autres que celles que je t'ai causées... D'ailleurs je me rappelle ce que tu m'as dit en venant me chercher à Lagny : J'ai des chagrins, et je te les conterai un jour... Eh bien ! est-ce que ce jour n'est pas venu... je ne puis pas te promettre que je te consolerai, mais je comprendrai tes peines, et c est déjà quelque chose que d'avoir une amie qui comprenne ce que nous éprouvons.

Sanscravate regarde sa sœur avec tristesse, l'embrasse sur le front, passe sa main dans ses cheveux et s'écrie :

— Sacredié, tu as raison... Je vas tout te conter... Du reste, c'est bien simple et ce ne sera pas long. J'avais un amour dans le cœur... un amour qui était partagé, du moins je le croyais... Enfin Bastringuette était à moi... comme tu étais à M. Albert, si ce n'est pourtant que je ne l'avais pas séduite... parce qu'à Paris, vois-tu, une fille sait ben ce qu'elle fait en donnant son cœur : on peut lui plaire, mais on ne la séduit pas. Bastringuette était une bonne fille, un peu leste dans ses manières, un peu hardie dans ses propos... mais je l'aimais ainsi... et elle... elle m'aimait aussi comme j'étais, et pourtant alors, je dois avouer que j'étais bien moins rangé que maintenant ! Je jouais, je buvais, je me grisais, je me battais pour un mot, pour un rien !... et je mangeais en un jour tout ce que j'avais gagné en huit... mais elle me pardonnait mes folies, et elle avait soin de ma chambre, de mon linge... et tout cela, sans intérêt, car quelquefois c'était elle qui m'avançait de quoi dîner, et pourtant elle n'en avait pas trop pour elle ; marchande des quatre-saisons, elle ne gagnait pas toujours en huit jours ce que je dépensais en une soirée, avec Jean Ficelle et d'autres bambocheurs.

— Pauvre fille ! dit Adeline, elle t'aimait bien !

— Bah ! tu crois cela ! moi aussi je l'ai cru !... mais tu vas voir que je me trompais. J'avais aussi un ami, un camarade, plus jeune que moi... il se nommait Paul, il était commissionnaire aussi, et il se mettait à côté de ma place... Ce Paul avait l'air si doux... et puis il avait des manières... quelque chose qui vous plaisait... avec cela bon travailleur ! ne flânant pas, ne se grisant jamais et ne me donnant que de bons conseils... Aussi, je le regardais comme mon frère! je me serais battu, je me serais jeté au feu pour lui !.. Eh bien ! Bastringuette m'a quitté pour aller avec Paul... et lui, tout en me jurant qu'il ne la voyait pas, qu'il aimait une autre femme, donnait des rendez-vous à Bastringuette... se retrouvait avec elle... dans un autre quartier où ils ne pensaient pas qu'ils seraient rencontrés.

— Es-tu bien sûr de cela, mon frère ?

— Ah ! si on me l'avait dit, je n'aurais pas voulu le croire !... mais je l'ai vu... vu de mes propres yeux !... il n'y avait plus moyen de douter ! Je voulais d'abord me contenter de les mépriser... mais un jour, j'avais été avec Jean Ficelle, et j'étais un peu étourdi... j'aperçus Paul au coin d'une rue avec ma perfide... ma foi, je ne pus pas me contenir... je voulus me battre.. je sautai sur lui... il ne se défendit pas ..

— Oh ! mon Dieu, tu l'as tué !

— Non, non... blessé seulement... et encore c'est par hasard... il tomba sur un pavé .. Mais depuis longtemps il est guéri !... heureusement je ne le vois plus. . il a adopté une autre place... dans la rue Taitbout, je crois...

— D'ailleurs, mon ami, si tu le revoyais ; tu ne te battrais plus avec lui, j'espère. . une fois c'est bien assez... Ah ! c'est trop quelquefois.

Adeline porte son mouchoir à ses yeux, Sanscravate reprend :

— Oh ! non, non... c'est fini ! je ne lui dirais plus rien... d'ailleurs le ciel a voulu... Oh ! c'est une chose bien singulière !..

— Quoi donc, mon ami ?

— Figure-toi que par le plus grand des hasards, j'ai découvert, il y a peu de temps, un secret dont la connaissance rendrait à ce Paul un nom, un père, une grande fortune... car c'est un enfant trouvé qui ne connaît pas sa famille, et moi... moi seul, je la connais... je n'aurais qu'un mot à dire pour qu'il fût heureux, riche, considéré...

— Eh bien ! mon frère ?

— Eh bien ! je ne le dirai pas.

— Ah ! c'est mal, cela, mon ami, priver quelqu'un de sa fortune, et ce qui est bien plus encore, des caresses de son père !.. Tiens, mon frère, je suis sûre que dans le fond de ton âme, cela te tourmente, parce que tu sens que tu fais là une mauvaise action !..

— C'est possible, mais ça n'empêche pas que je garderai mon secret... Il donnerait des chapeaux, des bijoux, des châles à Bastringuette! il la ferait se promener en voiture, ils iraient bombancer chez les traiteurs, et elle serait encore ben plus contente de m'avoir quitté pour lui... Oh ! non, sacrebleu, non ! ça ne sera pas !

— Mais pourtant, mon frère...

— C'est assez, ne me parle plus de ça, ne reviens plus là-dessus ! tu ne changerais rien à ma résolution. Tu me donnerais de l'humeur contre moi... contre eux... contre tout le monde ! et voilà tout...

Plus de trois semaines s'étaient écoulées depuis cet enretien, et aucun changement n'était survenu dans la situation du frère et de la sœur, lorsque, par une belle journée d'hiver, Sanscrava'e, qui était seul à sa place, parce que depuis plus de huit jeurs Jean Ficelle n'avait pas paru à la sienne, vit venir une dame âgée qui, regardant de côté et d'autre, ne paraissait pas bien sûre de ce qu'elle voulait faire.

Cette dame, qui semblait avoir soixante et quelques années, était petite, frèle, pâle et annonçait une faible santé. Sa mise était fort simple, fort modeste, quoique bourgeoise ; elle ne dénotait pas la pauvreté, mais annonçait tout au moins cette économie qui est voisine de l'indigence ; malgré cela, sa tournure distinguée, l'amabilité de sa figure et de ses manières donnaient à sa figure cet aspect comme il faut, qui perce même sous les vètements les plus humbles, et que les plus élégantes toilettes ne sauraient donner à celles qui ne l'ont pas reçu de la nature ou de l'éducation.

Cette dame, qui s'est enfin décidée à s'adresser à Sanscravate, s'approche du commissionnaire et lui dit d'un ton fort poli :

— Monsieur... est-ce que vous ne pourriez pas me dire..., c'est que... je ne suis pas bien sûre... je ne sais pas trop comment vous expliquer cela...

— Dites toujours, madame, est-ce que vous

cherchez une adresse.... une personne dans le quartier? Il y a longtemps que je me mets à cette place, et je pourrai probablement vous indiquer où c'est.

— Ce n'est pas une adresse, mais bien en effet une personne sur laquelle je voudrais obtenir des renseignements... savoir enfin quelque chose qui m'intéresse beaucoup. D'abord, dites-moi, monsieur, êtes-vous le seul commissionnaire de cette rue?

— Non, madame, il y a encore Jean Ficelle... mais il n'est pas là pour le quart-d'heure... Il n'est même pas venu travailler depuis plusieurs jours... je le suppose en goguette.

— Quel homme est-ce que ce Jean Ficelle?

— Dame! un homme petit, maigre, pas beau... et près de trente ans.

— Oh! ce n'est pas cela! Celui que je cherche n'a que vingt-trois ans, et il ne les paraît pas, on lui en donnerait à peine vingt... Il est d'une jolie taille... d'une jolie figure... sa voix est douce comme ses yeux...

Sanscravate fronce légèrement le sourcil, en répondant :

— Ah! c'est d'un nommé Paul que vous voulez parler?..

— Paul! s'écrie la vieille dame, c'est bien cela... Comment, vous le connaissez donc?

— Parbleu! puisqu'il était commissionnaire à côté de moi.... Il n'y a pas ben longtemps qu'il se place ailleurs.

— Commissionnaire !.. c'est donc vrai !.. pauvre garçon... Ah ! mon Dieu ! et c'est pour moi, j'en suis sûre...

La vieille dame ne peut plus parler, les larmes la suffoquent, Sanscravate est obligé de la soutenir jusqu'à ce que son émotion soit calmée. Enfin, étant un peu remise, elle presse la main de Sanscravate, en lui disant :

— Merci, monsieur, merci... Mais si vous saviez quel brave garçon vous avez eu pour camarade, si vous connaissiez son noble cœur et tout ce qu'il a fait pour moi !.. Oh ! mais, je vais vous le dire, monsieur, car je veux le dire à tout le monde, une si belle conduite doit être connue.... quand ce ne serait que pour donner à d'autres le désir de l'imiter !... Je me nomme Desroches, mon mari était négociant, justement considéré, tant par la bonté de son caractère que par sa rigoureuse probité. Un jour, nous étions heureux alors... mon mari, en voyant ces pauvres enfants, abandonnés par leur famille, fut vivement touché, intéressé par la figure de l'un d'eux... C'était le jeune Paul, qui pouvait alors avoir dix ans tout au plus. Nous n'avions pas d'enfant, c'était la seule chosse qui manquait à notre bonheur : mon mari offrit de se charger de celui-ci, et sa demande fut accueillie sans difficulté.

— Je savais tout cela, madame, dit Sanscravate, Paul m'a conté comment il fut recueilli par M. Desroches, comment il devint même son commis... puis enfin comment des malheurs, des banqueroutes assaillirent votre mari, qui mourut de chagrin peut-être... d'être obligé de ne pas tenir ses engagements!

— Oui, monsieur, oui... tout cela est vrai... mais ce n'est pas tout... et vous ne savez que cela, je gage? car Paul ne vous aura pas appris sa belle conduite...

— Le fait est que je n'en sais pas plus...

— Eh bien! monsieur, Paul, qui avait dix-huit ans et demi alors, me dit lorsque j'eus perdu mon époux : Consolez-vous, ma bonne mère, non-seulement j'aurai soin de vous, mais je veux encore que la mémoire de mon bienfaiteur soit respectée; je veux payer tout ce qu'il doit; à force de travail j'y parviendrai. En effet, le pauvre garçon assembla les créanciers de mon mari et promit de rembourser ce que devait M.Desroches si on voulait lui accorder du temps. Touchés de son dévouement, les créanciers lui dirent de régler lui-même les conditions. Les sommes qui restaient dues ne formaient qu'un total de huit mille francs. Paul demanda cinq ans pour payer tout; ensuite il me dit de ne point m'inquiéter de moi, qu'il pourvoirait à tous mes besoins; puis il me quitta pour aller chercher un emploi. Je fus plusieurs jours sans le revoir, enfin, il revint et il m'apprit qu'il était employé dans une maison de commerce du faubourg Saint-Honoré et qu'il était obligé de loger près de là, mais qu'il viendrait me voir au moins deux fois par semaine, et qu'il tiendrait les engagements qu'il avait pris avec les créanciers de mon époux. En effet, monsieur, à dater de cette époque, tous les trois mois, il payait la somme qu'il s'était engagé à donner, et il m'apportait alors les billets acquittés, en me disant : Tenez, ma bonne mère, je me trouve heureux, car je fais respecter la mémoire de mon bienfaiteur !.. et moi, monsieur, je ne me doutais pas que le pauvre garçon, qui n'avait pas trouvé d'emploi, s'était fait commissionnaire pour remplir ses engagements, et qu'il travaillait sans relâche et ne se donnait aucun plaisir, afin de mettre de côté pour moi... pour l'honneur de mon mari, tout l'argent qu'il gagnait !

En achevant ces mots, madame Desroches, qui ne peut retenir ses larmes, tire son mouchoir et s'arrête un moment pour essuyer ses yeux.

De son côté, Sanscravate a beau faire son possible pour ne point s'attendrir ; malgré ses grimaces, l'air bourru qu'il veut conserver, et quoiqu'il tourne sa bouche et se morde les lèvres, deux grosses larmes s'échappent de ses yeux, tandis qu'il murmure entre ses dents :

— Sacré nom d'une pipe !.. c'est bien tout de même !.. c'est de l'honneur !.. Et dire que pour les clignements d'yeux d'une femme... on se fâche... on perd un ami... pour un f... jupon avec des grosseurs dessous!.. ah! c'est bête, ça!.. Allons, il n'y a pas moyen... faudra que je lâche le secret!

Puis, après avoir eu l'air de se moucher pour essuyer ses yeux, Sanscravate dit à la vieille dame :

— Mais comment avez-vous découvert que Paul s'était fait commissionnaire?

— Voici comment, monsieur. Il y a quatre à cinq mois à peu près, j'ai fait une maladie, alors Paul est resté près de moi, il me gardait, il n'allait pas à son travail et il me disait : Ne vous tourmentez pas, il y a un autre commis qui a promis de me remplacer, qui fait mon ouvrage... Ah! il faut que je vous dise aussi, monsieur, que je demeure Vieille rue du Temple, tout près de la rue Barbette...

— Près de la rue Barbette! s'écrie Sanscravate, une maison très-haute, une allée.. un épicier en bas?

— Oui, monsieur, c'est cela...

— Continuez, madame, continuez...

— Eh bien! un matin, j'allais mieux depuis quelques jours, et Paul, qui était retourné à sa maison de commerce... comme il me le disait du moins, était venu me voir dans la matinée pour s'assurer que j'allais toujours bien. Il était chez moi depuis peu de temps, lorsque arriva une grande fille qui venait m'apporter ce que j'avais fait demander à ma fruitière, qui est dans la rue Barbette... Mais qu'avez-vous donc, monsieur... vous semblez bien agité?

— Ce n'est rien, madame, vous le saurez... Mais continuez... achevez donc...

— Cette grande fille poussa un cri de surprise en apercevant Paul, je vis qu'elle le connaissait et qu'elle était surprise de le voir mis avec une certaine recherche... Je m'aperçus bien que Paul lui dit quelques mots à l'oreille, mais alors je n'en sus pas plus. Seulement, quand Bastringuette, c'est le nom de cette jeune fille, revenait m'apporter quelque chose de chez la fruitière, qui est sa cousine, elle s'écriait seulement : Ah! madame! c'est un bien brave garçon que ce monsieur Paul!.. Et... mais vous pleurez, monsieur?.

— Allez donc... allez toujours, madame...

— Enfin, monsieur... il y a quelque temps, Paul ne vint pas comme à son ordinaire... j'étais inquiète, tourmentée, lorsque je vis accourir Bastringuette, elle m'apportait de l'argent, que ce jour-là Paul devait payer à un créancier, puis elle me dit qu'il avait été forcé de faire un petit voyage, mais qu'il viendrait me voir à son retour. Bref, monsieur, le temps s'est écoulé, et Paul n'est pas revenu, mais Bastringuette m'a toujours apporté de l'argent de sa part. Je l'ai questionnée, elle s'est embarrassée, embrouillée dans ses réponses... j'ai cru comprendre que

Paul n'avait plus d'habits... qu'il ne voulait pas venir chez moi en veste, de crainte que je ne devinasse sa profession... Puis les mots de commissionnaire ont frappé mon oreille, puis le nom de cette rue souvent prononcé...

— Assez ! assez, madame... Ah ! Paul !.. mon pauvre Paul !.. C'est donc vrai.. Tu ne m'avais pas trahi.. Ce n'est pas pour Bastringuette que tu allais dans cette maison...

— Que voulez-vous dire, monsieur?

— Ce que je veux dire. Que je suis un gueux !.. un brutal... une canaille... Que j'ai battu Paul, que je l'ai blessé... parce que je croyais qu'il était avec ma maîtresse... Tandis qu'il ne s'occupait que de vous... que de la mémoire de son bienfaiteur... Ah ! sacré nom !.. mais je répareral ça... Je le rendrai aussi heureux qu'il mérite de l'être...

— Que voulez-vous dire, monsieur?

— Oh ! courons le trouver d'abord, j'ai soif de l'embrasser... pourvu qu'il me pardonne... Venez, ma petite dame, venez vite, si vous ne pouvez pas courir, je vous porterai... Mais hâtons-nous, car je n'y tiens plus d'abord !..

Et Sanscravate prend le bras de madame Desroches, et il l'entraîne; et pour suivre le commissionnaire qui peut, dit-il, faire le bonheur de son fils adoptif, la vieille dame semble avoir retrouvé ses jambes de vingt ans.

Ils arrivent à la nouvelle place que Paul avait

adoptée; ils l'aperçoivent assis sur un banc de pierre et livré à ses réflexions. Sanscravate lâche le bras de madame Desroches, court à Paul, le prend par la tête, par le corps, l'embrasse à plusieurs reprises en pleurant et en balbutiant :

— Me pardonnes-tu, mon pauvre Paul... Je sais tout... J'avais tort et je t'ai battu... Si tu ne me pardonnes pas, je me fiche à l'eau !.. Tu auras soin de ma sœur...

Paul ne comprend rien à ce qui lui arrive, lorsque la présence de madame Desroches lui fait deviner que sa conduite est connue. La vieille dame accourt aussi embrasser en pleurant le jeune commissionnaire; alors les passants, les flâneurs, les badauds commencent à s'arrêter autour d'eux en se demandant l'un à l'autre ce que le jeune homme a fait pour être embrassé ainsi, et Sanscravate prend le bras de madame Desroches et celui de Paul, en leur disant :

— Allons-nous-en, j'ai ben autre chose à vous conter, et ces gens-là, qui se figurent peut-être que nous allons faire des tours, commencent à m'ennuyer.

Ces trois personnes, si heureuses de se trouver ensemble, arrivent dans l'humble réduit de Sanscravate, où la pauvre Liline, toute surprise de cette visite, tâche cependant de faire de son mieux les honneurs de la chambre de son frère. Celui-ci lui présente Paul en lui disant :

— Tiens, ma sœur, voilà celui dont j'étais jaoux, et j'ai reconnu aujourd'hui qu'il ne m'avait jamais trahi. Tu dois penser alors avec quelle joie je vais lui faire retrouver son père, son nom, sa fortune !..

Paul regarde Sanscravate en poussant un cri de surprise, il craint d'avoir mal entendu; madame Desroches supplie aussi le frère d'Adeline de s'expliquer. Celui-ci ne demande pas mieux, et pour que son récit soit plus clair, il raconte d'abord tout ce qui a rapport à Albert et à sa sœur, puis sa visite chez monsieur Vermoncey, puis son duel avec le séducteur d'Adeline, puis enfin ce qu'il a entendu, ce que disait madame Baldimer au père d'Albert, ces noms, cette croix, toutes les circonstances qui se rapprochent, et Paul pousse un cri de joie en disant :

— Mais mon cœur aussi semblait l'avoir deviné; et lui-même... cette amitié, cet intérêt qu'il m'a témoignés...

— Il te connaît ? demande Sanscravate.

Paul raconte les circonstances qui l'ont conduit chez monsieur Vermoncey. Alors Sanscravate frappe dans ses mains, saute, jure, pleure, et s'écrie :

— Partons, mes enfants, allons sur-le-champ chez monsieur Vermoncey, il y a assez longtemps qu'il souffre... qu'il gémit ; hâtons-nous de lui rendre un fils pour le consoler un peu de la perte de ses autres enfants. Madame Desroches va venir avec nous, il est bon qu'elle soit là pour certifier ce que j'avancerai .. Toi, ma sœur, reste ici... Attends-moi. . mais je reviendrai bientôt et avec de bonnes nouvelles, j'en suis certain.

Et Sanscravate dit quelques mots à l'oreille de sa sœur, qui sourit et promet d'obéir, ensuite il court chercher un fiacre, il y fait monter madame Desroches et Paul, il se place près d'eux et l'on arrive à la demeure de monsieur Vermoncey.

Sanscravate dit à ceux qui l'accompagnent :

—C'est là moi de lui parler le premier; ma présence lui fera mal d'abord ; mais après, j'espère qu'il ne sera pas fâché de m'avoir revu.

Et le commissionnaire pousse devant lui le domestique et le force à l'introduire dans le cabinet de son maître.

Monsieur Vermoncey fait un mouvement de surprise, une sombre tristesse se peint dans ses yeux en apercevant Sanscravate, cependant il lui fait signe d'avancer, en lui disant :

— Votre sœur a sans doute réfléchi sur mes offres... Je suis toujours prêt à les tenir, car je voudrais pouvoir réparer les torts de mon fils !

— Ne parlons pas de cela, monsieur, répond Sanscravate, si votre fils a eu des torts... le ciel a voulu qu'il les expiât... et cet événement-là... m'a fait autant de peine qu'à vous. Mais aujourd'hui je viens vous rendre du bonheur, et c'est bien le moins après vous avoir causé tant de chagrin !..

Monsieur Vermoncey fixe sur le commissionnaire des regards surpris, Sanscravate reprend :

— Monsieur, le hasard m'a fait connaître toute l'histoire d'une faute de votre jeunesse... dont cette madame Baldimer tenait tant à vous punir... Eh bien ! cet enfant que vous eûtes alors d'une pauvre fille nommée Marie Delbart, cet enfant... abandonné... je l'ai retrouvé, moi, et je vous le ramène...

— Il serait possible ! balbutie monsieur Vermoncey en se levant et allant à Sanscravate. Ah ! monsieur, dites-vous vrai... êtes-vous bien sûr de ce que vous avancez ?

— Oui, sacrebleu ! je suis sûr de mon fait !.. sûr de ce que je dis...

— Vous savez qu'il existe... où il est maintenant ?..

— Où il est... Ah ! pas loin d'ici !..

Et Sanscravate, courant rouvrir la porte derrière lui, prend Paul et le pousse dans les bras de son père, en disant à M. Vermoncey :

— Je vous ai privé d'un fils... mais je vous en rends un autre. Ça me raccommode un peu avec moi.

Monsieur Vermoncey tient Paul pressé contre son cœur, puis il le regarde avec tendresse, et s'écrie :

— Mais je ne me trompe pas... c'est ce jeune

homme qui m'avait inspiré un si vif intérêt... Oh ! oui, c'est mon fils, mon cœur l'avait déjà deviné... et plus je le regarde, plus je retrouve dans ses traits ceux de l'infortunée Marie.

— Oh ! mais nous voulons que vous soyez certain de votre fait ! s'écrie Sanscravate. Voilà madame Desroches, la veuve de ce brave monsieur qui a fait sortir Paul de... d'où il était ; elle vous dira quel papier il avait sur lui quand on l'a .. enfin vous verrez la croix à son bras gauche. Oh ! vous verrez que c'est bien tout comme cette belle dame qui est si méchante, vous a dit l'autre fois... et vous saurez aussi que non-seulement vous avez retrouvé votre fils, mais encore que c'est le plus digne jeune homme qu'il y ait au monde, et que si on donnait la croix à tous ceux qui la méritent, il y a ben longtemps qu'elle brillerait sur sa poitrine.

Monsieur Vermoncey n'a plus besoin de preuves pour être persuadé que Paul est son fils, cependant il écoute avec un vif intérêt le récit de la bonne madame Desroches, qui ne manque pas de raconter la belle conduite du jeune commissionnaire.

Quand la vieille dame a cessé de parler, monsieur Vermoncey prend la main de son fils, le regarde avec orgueil, puis il balbutie :

— Mon ami, tu ne seras pas aussi fier de ton père... tu as le droit de lui reprocher ton abandon... mais j'étais bien jeune... j'étais pauvre...

je ne savais pas ce que c'est que d'être père...) et cette faute... je me la suis tant reprochée !

Paul se jette dans les bras de son père, en le suppliant de ne pas lui en dire davantage, et Sanscravate s'écrie :

— Il faut oublier le passé, pour ne plus songer qu'au bonheur présent.

— Oui, dit Paul, en serrant la main de son ancien camarade. Mais puisque je remplace Albert en ces lieux, il faut à présent que ta sœur accepte ce que lui et mon père ont fait pour elle... n'est-ce pas, mon père, que je remplis vos désirs en ce moment ?

— Oui, mon ami, dit monsieur Vermoncey, et désormais d'ailleurs, j'approuverai tout ce que tu feras.

— Tape là dedans ! dit Sanscravate à Paul, de toi j'accepte tout... tu me donnerais un millon que je le prendrais... faut ben que je répare mes sottises à ton égard ; mais ma sœur nous attend.. et puis .. et puis...

Sanscravate mumure tout bas le nom d'Elina. Aussitôt Paul demande à son père la permission de le quitter un moment, monsieur Vermoncey y consent, à condition qu'on lui amènera la jeune Adeline qu'il veut aussi embrasser, et que madame Desroches voudra bien rester avec lui pour lui parler encore de son fils. La vieille dame ne demande pas mieux.

En quelques secondes, Sanscravate et Paul

sont près d'Adeline, qui, d'après l'avis de son frère, a été chercher la petite Elina, et lui a raconté le changement survenu dans la situation de Paul. Quand les deux amis arrivent, ils trouvent la jeune couturière tout en larmes, parce qu'elle est persuadée que, devenu riche, son amoureux ne pense plus à être son mari.

Paul s'empresse de consoler Elina, et Sanscravate s'écrie :

— Il faut battre le fer pendant qu'il est chaud, et présenter tout de suite à ton père celle que tu aimes... en ce moment il n'a rien à te refuser... plus tard on ne sait pas !

Paul approuve cette idée, mais la petite Elina craint d'aller chez monsieur Vermoncey, elle refuse, elle tremble ; il faut toute l'éloquence de son amant, toutes les prières d'Adeline et de son frère, pour qu'elle consente à les accompagner. Enfin on calme sa frayeur, et bientôt les deux jeunes filles sont devant monsieur Vermoncey.

Sanscravate présente sa sœur, dont la contenance à la fois triste et modeste, dont les beaux yeux mouillés de larmes, inspirent à monsieur Vermoncey, le plus tendre intérêt, et il la presse sur son cœur en la nommant sa fille. Ses yeux se portent ensuite sur la petite Elina, qui tâche de se cacher derrière un rideau, et il dit en souriant :

— Mais quelle est donc cette autre jeune fille ?

Paul s'avance en rougissant, il raconte à son père ses amours avec Elina, il appuye sur la délicatesse de la jeune fille qui l'aimait lorsqu'il n'avait rien, et qui voulait lui donner sa petite fortune, puis il fait connaître tous les soins qu'elle lui a prodigués pendant sa maladie.

Monsieur Vermoncey va chercher la petite derrière les rideaux, il l'amène au milieu de la chambre, où elle arrive rouge comme une cerise, et l'embrasse sur le front, en lui disant :

— Vous vouliez faire le bonheur de mon fils, lorsqu'il n'avait rien, maintenant qu'il est riche, il est bien juste qu'il fasse le vôtre !

— Ah ! voilà qui est bien parler ! s'écrie Sanscravate ; tenez, monsieur, savez-vous ce qui résulte de tout ça? c'est qu'aujourd'hui vous avez retrouvé tous vos enfants !

En retournant chez lui avec sa sœur, Sanscravate est bien gai, bien heureux, pourtant ses regards se portent souvent de côté et d'autre, comme s'il espérait rencontrer quelqu'un. Adeline voit cela, elle sourit et ne dit rien ; mais au commencement de la soirée, on frappe doucement à la porte de leur logement.

— Tiens !.. qu'est-ce qui peut nous venir, dit Sanscravate, en regardant sa sœur, il me semble que nous n'attendons plus de visite.

Adeline ne répond rien, mais elle va ouvrir, et bientôt Bastringuette est devant eux.

Sanscravate se sent si ému, qu'il ne peut pas

parler, il a d'abord envie de sauter au cou de la grande fille, mais il s'arrête parce qu'il songe que si Paul n'est pas son amant, cela ne prouve pas qu'elle n'ait point un autre sentiment dans le cœur.

Bastringuette est restée debout devant le commissionnaire ; elle lui fait des petits yeux bien gentils, puis enfin, comme si elle devinait ce qu'il pense, elle lui tend la main en disant :

— J'ai été coquette... tu as été méchant... mais je t'aime toujours, et désormais tu peux être tranquille, parce que, vois-tu, une femme... c'est comme une marmite : quand elle a déjà été au feu... ça vaut mieux qu'une neuve.

Sanscravate saute au cou de la grande fille, en lui disant :

— Pour que tu ne changes plus, je t'épouse !

— C'est pas toujours un bon moyen, répond Bastringuette en souriant, mais comme j'ai été légère avant le mariage, je te promets de ne plus l'être après

— Et je t'emmène en Auvergne, vivre près de mon père ; ça te va-t-il ?

— En Auvergne... j'crois ben ! moi qui aime les chataignes.

Quelques semaines après cette journée, Paul conduisait à l'autel la gentille Elina, qui avait cessé d'être couturière en même temps que son amant avait cessé d'être commissionnaire.

Et la bonne madame Desroches avait consenti

à se fixer près des jeunes époux qui la traitent comme leur mère.

Quant à madame Baldimer, elle avait quitté Paris et était repartie pour l'Amérique, le lendemain de la mort d'Albert.

Les anciens amis d'Albert continuent de se promener en fumant sur le boulevard des Italiens. Mouillot est toujours bon vivant, Balivan aussi distrait, M. Dupétrain veut toujours endormir son monde, M. Varinet ne prête plus cinq cents francs sur une olive, parce qu'il craint de la garder trop longtemps dans sa bourse, et M. Célestin de Valnoir, sorti de Sainte-Pélagie, s'occupe de faire d'autres dettes.

Madame Plays fait toujours des légèretés à son mari, mais elle ne peut pas voir Tobie en face, elle l'a en horreur parce qu'elle croit qu'il a tué Albert; le jeune Pigeonnier se console des rigueurs de la superbe Herminie avec la fortune de sa tante Abraham et sa réputation de bravoure.

La veille du jour où Sanscravate doit partir pour l'Auvergne avec sa sœur et Bastringuette, il voit passer dans la rue deux hommes qui ont les poucettes, et que la gendarmerie conduit à la Préfecture. Il reconnaît Laboussole et Jean Ficelle. Ce dernier semble un peu confus d'être vu avec une telle escorte; quant à monsieur Laboussole, il crie tout le long du chemin :

— C'est une erreur de messieurs les gendarmes... on nous prend pour d'autres !.. on m'a déjà fait ce tour-là sept ou huit fois.

Et Sanscravate se dit en les regardant aller :

— Voilà peut-être comme j'aurais fini, si j'avais écouté les conseils de ce mauvais sujet !.. car, il n'y a pas à dire, quand on bamboche souvent et qu'on ne travaille jamais, il est rare que l'on finisse bien.

FIN DU QUATRIÈME ET DERNIER VOLUME.

TABLE

DES CHAPITRES CONTENUS DANS CE VOLUME.

FIN DE LA TABLE.

www.ingramcontent.com/pod-product-compliance
Lightning Source LLC
LaVergne TN
LVHW012000220826
846092LV00001B/211

9782329808482